Sioma Zubicky

Spiel, Zirkuskind, spiel

An Inger, die mir das Leben wiedergab.

Tiefen Dank an Hasso Hübner, meinem ersten deutschen Freund nach der Befreiung, im Landheim Schondorf, der mich 55 Jahre danach in Schweden wiederfand und mein Buch nach Deutschland brachte.

Originaltitel: „Med förintelsen i bagaget“, Bonnier-Verlag, Stockholm

Übersetzung aus dem Schwedischen: Erik Gloßmann
1. Auflage 2004
Nach der neuen Rechtschreibung

Coverdesign: Christine Paxmann unter Verwendung
von drei Originalfotos von Sioma Zubicky
DTP: Ingo Engel
Lektorat: Michaela Kolodziejcok
Druck & Bindung:
Ueberreuter Buchproduktion, Korneuburg

Printed in Austria 2004

ISBN 3-357-00570-0

Sioma Zubicky

Spiel, Zirkuskind, spiel

Erinnerungen eines europäischen Wunderkindes

Aus dem Schwedischen von Erik Gloßmann

Altberliner
Frankfurt · Leipzig · München

VORWORT

Gerade ist in Stockholm die vierte große internationale Konferenz zum Thema Völkermord zu Ende gegangen, die von Schweden veranstaltet wurde.

Kofi Annan, der Generalsekretär der UNO, war der Hauptredner dieses bedeutenden weltumfassenden Treffens.

Das Symposium befasste sich nicht nur mit den Untaten der Vergangenheit, sondern wies auch auf die Verbrechen hin, die gegenwärtig begangen werden, und stellte fest, dass wir Lösungen und Mechanismen finden müssen, um dem Völkermord auch in unserer Zeit vorzubeugen.

Das Böse ist, wie das Gute, in uns allen.

Alle Menschen sind unsere Brüder, egal welcher Hautfarbe oder Religion.

Wir können nicht alle lieben, aber wir müssen danach streben, alle zu respektieren.

Es gibt nur eine Rasse – den Menschen!
Es gibt nur eine Religion – die Liebe!
Es gibt nur eine Welt. Oder überhaupt keine Welt!

Sioma Zubicky
27. Januar 2004, Gedenktag des Holocaust

IM ZIRKUS GEBOREN

Auf meine Frage, wo ich geboren sei, antworteten meine Eltern: „Im Zirkus, im Zirkus Busch, in Berlin.“

Es soll eine schwere Entbindung gewesen sein. An jenem 1. Juli des Jahres 1926 war mein Vater sehr stolz. Semjon sollte ich heißen, nach seinem Großvater, dem Chasaren aus altem Gauklergeschlecht.

Ich war ein echtes Zirkuskind. Gewiss, wir hatten eine kleine Wohnung in Berlin, doch meistens waren wir mit verschiedenen Zirkussen auf Tournee. Die ganze Welt war unser Arbeitsplatz, die ganze Welt war mein Zuhause: Europa, Südwestafrika, die USA. Ich fühlte mich wie ein Lachs, der im Süß- wie im Salzwasser existieren kann – ein Nomadenleben, aber dennoch gut organisiert.

Die Zirkuswelt war ein Spiegel der bürgerlichen Gesellschaft. Es gab dieselben Unterschiede zwischen Reichen und weniger Begüterten. Man konnte es an den Wohnwagen erkennen. Die Direktion verfügte über große, prachtvolle Salonwagen, in denen man Vertreter der Behörden standesgemäß empfangen und schmieren konnte. Auch die Stars wohnten relativ luxuriös. Alle anderen hausten eng beieinander und schliefen in Doppelstockbetten, zwischen denen noch die Schränke und Truhen mit Kostümen und Requisiten Platz finden mussten.

Die Musiker des Zirkusorchesters, meistens Tschechen, bildeten die unterste Schicht in der Hierarchie, sie waren in großen Wagen ohne jeden Komfort unterwegs.

Der Zirkus war eine Art Klassengesellschaft ohne Unterdrückung. Die Fähigkeiten des Einzelnen waren entscheidend dafür, ob er es bis an die Spitze schaffte. Keiner außer dem Zirkusdirektor erhielt einen Mehrwert für sein investiertes Kapital.

Es war eine kleine Welt, in der jeder seinen Platz kannte – außer uns Kindern. Wir spielten miteinander und scherten uns nicht darum, was unsere Eltern machten. Man erwartete von uns, dass wir schon bald Artisten wurden und lernten, vor Publikum aufzutreten.

Die Methoden waren hart, mehr Dressur als Unterricht. Bei Fehlern setzte es Ohrfeigen. Unsere Eltern waren nach denselben Grundsätzen ausgebildet worden. Und es funktionierte, die Kinder wurden ja Artisten.

Zur Schule zu gehen gehörte nicht in unsere Welt. Da wir in verschiedenen Ländern auftraten, waren wir von der Schulpflicht entbunden. Wie sollten wir denn Artisten werden, wenn wir unsere Zeit auf Schulbänken versaßen?

Umso schneller lernten wir Sprachen. Wir waren wie Löschpapier, saugten die Wörter einzeln auf und bildeten Sätze daraus. Von Grammatik hatten wir keine Ahnung, aber wir konnten reden, und an der Satzmelodie war nichts auszusetzen. Ich lernte Russisch, Deutsch, Tschechisch, Französisch, Italienisch, Spanisch und Englisch sowie eine Menge Wörter aus allen möglichen anderen Sprachen. Diese Kenntnisse waren mir im Leben oft von Nutzen und haben mir viel Freude bereitet.

Das Zirkusvolk riss einen Teil des verhassten Turms von Babel[1] nieder, der die Menschen voneinander entfernt. Wir vertrugen uns über Nationalitäten- und Sprachgrenzen hinweg. Was spielte es für eine Rolle, ob man Araber, Chinese, Japaner, Inder, Europäer oder Afrikaner war? Die Welt bestand aus Individuen.

Fantasie und Kreativität blühten. Nichts schien unmöglich, wir konnten alle etwas werden, Akrobaten, Tänzer, Sänger oder Musiker. Kinder haben für gewöhnlich biegsame Körper und helle Köpfe, damit kompensierten wir, dass wir kaum Gelegenheit hatten, in Bücher zu schauen.

BORIS

Wenn ich meinem Vater glauben darf, stammten seine Vorfahren aus dem Kaukasus. Sie gehörten zu den Chasaren, einem Turkvolk, dessen herrschende Klasse im neunten Jahrhundert aus politischen Gründen zum Judentum übergetreten war.

Man hat diese Volksgruppe, die von den streng gläubigen orthodoxen Juden im Zarenreich nicht ganz akzeptiert und verächtlich angesehen wurde, auch als den dreizehnten Stamm Israels bezeichnet.

Die Eltern meines Vaters, Semjon und Nusia Zubicky, habe ich nie kennen gelernt. Sie waren Zirkusleute gewesen und hatten ihre Kinder zu Artisten dressiert. Akrobatik, fliegendes Trapez, Kunst- und Voltigereiterei wie auch Clownerie gehörten zu den Grundkenntnissen. Mein Vater beherrschte all das und vieles mehr.

In einer seiner vielen Nummern war er wie ein Offizier zur See gekleidet und balancierte ein Gewehr mit Bajonett auf seiner Stirn. Die Narbe war deutlich zu sehen. Zum Abschluss setzte er sich eine Kanone kleineren Kalibers auf den Kopf, aus der zum Schrecken und zum Vergnügen der Damen tatsächlich eine Kugel abgefeuert wurde.

Er war unter dem Künstlernamen Bernardo bekannt und trat auch als professioneller Ringer auf. Ich erinnere mich an Bilder, die ihn in der für die damalige Zeit typischen steifen Athletenpose zeigen. Auf der Brust war sein Trikot von Medaillen unterschiedlicher Größe bedeckt.

Papa erzählte gern, wie er einmal mit einem so genannten Ringerzirkus durch Russland gezogen war. Einige der Kämpfer wurden als Champions präsentiert und zu Publikumsmagneten gemacht. Gegen sie mussten alle anderen verlieren, auch wenn sie besser waren. Manchmal allerdings, um die Spannung und die Einnahmen zu steigern, verlor so ein Meister. Dann bekam er am nächsten Abend die Gelegenheit zur Revanche und siegte natürlich zur allgemeinen Zufriedenheit.

In bestimmten Gebieten des Zarenreiches mit einem hohen Anteil an jüdischer Bevölkerung durften auch die jüdischen Ringer gewinnen. Stärke war sonst nicht das, wonach Juden strebten. Wissen und geistige Fähigkeiten standen bei ihnen höher im Kurs.

Mein Vater hieß dann Baerele der Starke. Das jüdische Publikum genoss das seltene Schauspiel, seinen Favoriten gegen die bösen *Gojim*, wie Nichtjuden genannt wurden, siegen zu sehen.

Leider vermischte mein Vater gern Fantasie und Wirklichkeit, so dass man nie wissen konnte, was er tatsächlich erlebt hatte.

Er erzählte zum Beispiel, dass man ihm im Ersten Weltkrieg vier Mal das Georgskreuz, die höchste militärische Auszeichnung des Zarenreiches, verliehen habe. Zum Beweis zeigte er Bilder aus dieser Zeit, die ihn in der Uniform eines Wachtmeisters der Kavallerie zeigten, mit allen vier Kreuzen. Die Auszeichnungen und den Dienstgrad erkämpfte er sich durch Tapferkeit auf dem Schlachtfeld.

Nachdem ihn die Deutschen bei Tannenberg gefangen genommen hatten, wurde er in ein Lager in Pommern gebracht. Von dort floh er und meldete sich wieder an die Front. Er besaß eine vergilbte Fotografie aus dem Kriegsgefangenenlager, die zeigte, wie er gerade einen kleinen Telegrafenmast auf dem Kinn balanciert.

Als die Oktoberrevolution von 1917[2)] Russland in Weiße und Rote teilte, kämpfte er auf der Seite der Weißen gegen die Bolschewiken[3)]. Das war ungewöhnlich für einen Juden. Die meisten Juden, wenn sie sich überhaupt an den Auseinandersetzungen beteiligten, standen auf Seiten der Roten Armee.

Politik war nicht seine Stärke. Er entschied sich spontan für das, was ihm am besten erschien.

Boris war stark wie ein Bär. Er strahlte Wärme und eine trügerische Gutmütigkeit aus, die schnell in Zorn umschlagen konnte, vor allem, wenn er getrunken hatte. Dann konnte es meiner Mutter und uns Kindern schlecht ergehen. Wir bekamen seine handgreiflichen Wutausbrüche oft zu spüren. Sie endeten mit Ernüchterung, Katzenjammer und Tränen.

Er trank viel, war Kettenraucher und verschlang riesige Mahlzeiten. Das Primitive und Rastlose in seinem Wesen sprach sowohl Frauen als auch Männer an. Er liebte meine Mutter. Diese Liebe saß tiefer als alle anderen Gefühle.

Seine Welt war begrenzt, darin unterschied er sich nicht von der Mehrzahl der Artisten. Die wenigsten lasen Bücher, bestenfalls Schundromane und Boulevardzeitungen. Sie interessierten sich für billige Hotels und Restaurants, wo man ordentlich etwas auf den Teller bekam. Politik war tabu. Es war ihnen egal, wer im Publikum saß und welches Regime manche Leute repräsentierten.

Als Artist war er anerkannt, wenngleich er nie zu den großen Namen gehörte. Deshalb brachte er auch selten größere Gagen nach Hause. Meine Eltern schufteten hart. Wir lebten einfach, ohne Extravaganzen.

Ich erinnere mich an meinen Vater als Kanonenkönig Bernardo. Ich erlebte ihn auch als Clown, er war der kluge, weiß geschminkte in einem prachtvollen Paillettenkostüm.

Er trat mit gemessener, altmodischer Eleganz auf. Gewisse Gesten in seinen seriösen Nummern waren vielleicht eine Ahnung übertrieben, ein klein wenig lächerlich. Aber es war stets zu spüren, dass er aus einem alten, stolzen Artistengeschlecht stammte.

Ich lernte viel von ihm.

ANNIE

Meine Mutter stand für Bildung in unserer Familie. Sie war Schülerin einer Mädchenschule gewesen, sprach Russisch und Deutsch und hatte Gesang am Konservatorium in Berlin studiert.

Die Musikalität war ein Erbteil ihres Vaters, des berühmten Baritons und Opernsängers Jascha Baklanow. Mein Großvater ging oft auf Tournee und verdiente viel Geld. Leider war er ein unverbesserlicher Spieler. Nach den Auftritten schloss er sich gern Pokerrunden an, so dass die Gagen meistens in den Taschen anderer landeten.

Er und seine sanfte Nina kamen aus Odessa, einer Stadt, in der viele bedeutende Musiker das Licht der Welt erblickt haben.

Großvater war, wie viele andere jüdische Musiker, nicht besonders religiös. Wenn er in der Stimmung war und an einem Samstag nicht auftreten musste, feierte er Sabbat. Ihm war auch daran gelegen, dass seine Tochter einen Juden heiratete. Nicht etwa, weil er Juden für bessere Menschen hielt, dazu war er viel zu sehr Weltbürger, sondern weil ihm, wie den meisten Juden, die Angst vor Verfolgung im Rückenmark saß. Wenn man auf der Flucht war, galt das Prinzip: Halte dich an einen Menschen, dessen Schicksal du in jeder Hinsicht teilst.

Annie ging ihre eigenen Wege, was für die damalige Zeit ziemlich ungewöhnlich war. Sie verdiente Geld, indem sie im Chor des Wilhelmstädter Theaters mitsang.

Dann heiratete sie einen jüdischen Kürschner namens Szymon Schmuckler. Er soll ein ehrbarer, aber kränklicher Mann gewesen sein. Nachdem sie ihm einen Sohn, Hermann, geboren hatte, wurde sie bald zur Witwe. Anstatt sich nun mit Alexander Kipnis zusammenzutun, einem anderen großen Stern am Opernhimmel von Odessa, der sie liebte und den sich meine Großeltern zum Schwiegersohn wünschten, heiratete sie den Kanonenkönig Bernardo.

In den Augen ihrer Eltern war das keine gute Wahl. Sie führte zu einem fast vollständigen Bruch mit der Tochter, Großmutter Nina konnte den Kontakt zu uns nur in großer Heimlichkeit aufrechterhalten. Da wir meistens unterwegs waren, hatten wir ohnehin kaum die Möglichkeit, einander zu begegnen und uns auszutauschen.

Meine Mama fand sich schnell ein in das fremde Zirkusmilieu. Sie trug zur Versorgung der Familie bei, indem sie an verschiedenen Nummern teilnahm. Sie sang, assistierte, bevölkerte die Manege und lächelte. Zwischendurch verkaufte sie Programme und wies Plätze an.

Geduldig ertrug sie die Launen und Übergriffe meines Vaters, seine Lügen und Seitensprünge. Trotz allem liebte sie ihn heiß und leidenschaftlich und verzieh ihm immer wieder. Sie war warmherzig, aufrichtig und Freunden gegenüber immer treu. Mit der Zeit wurde sie mollig und fühlte, dass mein Vater ihr entglitt.

Meine geliebte runde kleine Mama!

ZIRKUSLEBEN

Der Zirkus war unsere Welt, unsere Sicherheit, ein rundes, überschaubares Reich, in dem wir jeden Winkel kannten. Es war klein und sehr dicht bevölkert. Es war lebenswichtig, nicht in das Revier eines anderen einzudringen und alle ungeschriebenen Gesetze zu respektieren. Störe nie jemanden bei der Probe!

Wir Kinder durften das Zirkusgelände nicht ohne Erlaubnis verlassen. Es fiel uns sehr schwer, dieses Verbot einzuhalten. Die Welt da draußen war voller Verlockungen, die Kinder dort so merkwürdig und interessant! Sie spielten Fußball, fuhren Rad und hatten in unseren Augen enorme Flächen zur Verfügung.

Für sie waren wir noch exotischer. Sie betrachteten die fantasieanregenden Plakate, vernahmen das Brüllen der Löwen, die Trompetenstöße der Elefanten und die Marschmusik des Zirkusorchesters. Sie konnten – wenn sie Geld hatten – Menschen aus exotischen Ländern bestaunen: Zwerge und Riesen, attraktive Damen in rosa Trikots, Athleten mit schwellenden Muskeln. Und die Clowns, die Clowns!

„Dürfen wir hinein?“, bettelten die Kinder draußen.

„Nur wenn ihr Eintrittskarten kauft“, lautete unsere einstudierte, unerbittliche Antwort.

Nun fragten sie, ob wir vielleicht mit ihnen Ball spielen würden. Und ob! Wir wollten auch gern mit zu ihnen nach Hause und ihre Spielsachen ansehen. Am liebsten aber lauschten sie unseren Berichten über das Zirkusleben. Wir fühlten uns bedeutend und genossen ihre Bewunderung.

So gewannen wir Spielkameraden außerhalb unserer Welt. Klar, dass wir den einen oder anderen auch hineinschmuggelten, eine Hand wäscht die andere.

Die Kinder im Zirkus bedeuteten viel für mich. Wir waren aufeinander angewiesen, lernten viel voneinander. An einige von ihnen kann mich gut erinnern. Da waren Aisha und Hafsa, zwei arabische Mädchen, älter als ich. Sie kamen mit einer Familiengruppe aus Marrakesch und waren „adoptiert", das heißt, man hatte sie ihren mittellosen Eltern in Marokko abgekauft.

Arabische Akrobaten bauten oft „menschliche Pyramiden" und waren begnadete Springer, die Radschlagen, Flickflacks und Salti mortale im Repertoire hatten. Es gibt einen besonderen Pirouettensprung vorwärts, der in der Zirkussprache „Araber" genannt wird.

Ich bewunderte Aisha und Hafsa, die verwegen lächelnd auf der Spitze der menschlichen Pyramide standen. Ihre Körper waren noch zu weich für die harten Sprünge. Ich war in beide verliebt und fühlte mich selig in ihrer Nähe ...

Akimoto, eine japanische Familie mit Wohnsitz in London, führte „ikarische Künste" vor. Auf dem Rücken liegend balancierten, warfen und fingen sie mit den Füßen Tonnen, große Vasen und ihre Kinder. Sie waren unglaublich geschickt und präsentierten ihre Nummer auf sehr elegante Weise.

Akiro, der Sohn, war ein cleverer Bursche mit Cockneyakzent[4)]. Unter uns Zirkuskindern wollte er immer der Anführer sein. Er hatte Charme und war gerecht. Seine Schwester Keiko, ein süßes Püppchen, durfte nicht mit uns spielen. Ihre Eltern hatten es verboten.

Ab und zu aßen wir bei Akiro. Dadurch lernten wir seine Eltern ein wenig besser kennen und durften allerlei aufregende Spezialitäten kosten, die auf einem Primuskocher zubereitet wurden. An dieser schwedischen Erfindung hatten viele Artisten Freude. Wie waren sie zuvor nur klargekommen?

Ich traf Akiro nach dem Krieg wieder. Als Bürger Großbritanniens hatte er in der Luftabwehr gedient. Er erzählte mir viel von den Bombenangriffen der Nazis auf London und dem Beschuss durch V1 und V2-Raketen[5)] (die mit schwedischen Kugellagern ausgerüstet waren). Nun trat er im Varieté auf und balancierte die eigenen Kinder auf den Füßen. Seine Eltern lebten bei ihm, und die Mama kochte noch immer auf demselben Primuskocher.

Im Großen und Ganzen bevorzugten wir dieselben Spiele wie andere Kinder. Kinder im Krieg spielen erstaunlicherweise gern Krieg. Wir spielten Zirkus.

Wir gingen in die Ställe, gaben den Pferden manchen Klaps, befühlten die rosa Rüsselspitzen der Elefanten und ärgerten die spuckenden Lamas. Eigentlich durften wir nicht zu den Tieren. Aber die trägen Stallknechte drückten ein Auge zu, solange wir nicht über die Stränge schlugen.

Unter den Gerüsten mit den Sitzplätzen suchten wir regelmäßig nach Dingen, die Zuschauer verloren hatten. Wir fanden nahezu alles, von Münzen bis Süßigkeiten. Systematisch durchkämmten wir dieses Eldorado, anschließend teilten wir die Beute. Taschengeld war knapp.

DER ZIRKUSWAGEN

Meine Mama hatte ein schönes Lackkästchen, russisches Kunsthandwerk, in dem sie ihr Nähzeug aufbewahrte. Immer gab es etwas zu flicken, all die Kostüme mit ihren Silber- und Goldfäden. Am empfindlichsten waren die Anzüge der weißen Clowns mit ihren unzähligen Pailletten, sie mussten ständig ausgebessert werden.

Täglich musste gelüftet werden. Über der Wagentreppe hatten fast alle einen Altan mit einer wasserdichten Persenning darüber, eine dringend nötige Erweiterung der knappen Wohnfläche. Dort hingen die Kleider zum Trocknen, dort entspannten wir uns nach russischer Sitte und tranken Tee mit Marmelade.

In der Pause liefen Leute aus dem Publikum auf dem Gelände herum, schauten uns zu, lächelten und winkten. Wir machten gute Miene dazu, waren aber von dieser Art Aufmerksamkeit nicht angetan.

Rund um die Wagen wurde ein Graben gezogen, um das Regenwasser abzuleiten. Trotzdem standen wir oft im tiefen Morast.

Zu den Habseligkeiten meiner Mutter gehörte auch ein feiner Samowar[6]. Der wurde poliert und glänzte, doch wir benutzten ihn nie.

Ein Öldruck des deutschen romantischen Malers Spitzweg[7] schmückte eine der Wände, ein populäres Bild, das in vielen deutschen Wohnzimmern hing. Es zeigte einen mageren Poeten im zerschlissenen Morgenrock mit einer Gänsefeder in der Hand und sehnsuchtsvollem Blick.

Ich fragte mich oft, woran er wohl dachte. Das Bild begleitete uns auf allen Reisen.

Auf einem Klapptisch standen einige verblichene Fotografien in ovalen Holz- und viereckigen Messingrahmen. Ein Foto zeigte die Eltern meiner Mutter, ein anderes die meines Vaters, hoch gewachsen und gutbürgerlich gekleidet. Es gab auch einige Aufnahmen von uns Kindern, die rund um das Hochzeitsbild meiner Eltern gruppiert waren. Einen Ehrenplatz hatten die drei Porträts meines Vaters, die ihn als medaillengeschmückten Ringer, als Wachtmeister mit vier Georgskreuzen sowie als Kanonenkönig Bernardo in Kapitänsuniform zeigten.

Diese wenigen Habseligkeiten gaben unserem Eintagsfliegenleben eine gewisse Beständigkeit. Heute Zirkus Busch, einige Wochen oder Monate später ein anderer Zirkus, ein anderer Wagen. Jeder Gegenstand, der uns begleitete, war wie ein Freund, ein wichtiger Teil dessen, was wir unser Zuhause nannten.

Wie lebten zwei Erwachsene und zwei Kinder in diesen engen Wagen? Essen kochen, abspülen, Wäsche waschen und trocknen, die tägliche Körperpflege, alles musste organisiert werden. Es gab keine Deodorants, der Körpergeruch gehörte zur Persönlichkeit. Meine Eltern liebten sich und hofften, dass wir schliefen, was wir nicht immer taten.

Es war schön, wenn ich mit meinem sechs Jahre jüngeren Bruder Victor auf dem oberen Bett lag, besonders wenn der Regen aufs Dach trommelte.

Besuch empfangen, Tee und Wodka trinken, spielen, lesen, alles geschah in diesen vier dünnen Wänden. Das Leben im Wagen forderte uns allen viel ab und führte oft zu Konflikten. Papa brauste schnell auf, liebte seine Familie aber über alles.

Für das Essen war Mama zuständig, aber auch Papa stand manchmal am Kochtopf. Dann gab es meistens Eintopf oder eine Suppe. Alles war deftig, sättigend, russisch. Lieblingsgerichte waren *Wareniki*, große Nudelteigtaschen mit zerquetschten Kartoffeln und fein gehackten gebratenen Zwiebeln, und *Pelmeni*, eine sibirische Spezialität, eine Art Ravioli mit einer Füllung aus zerkleinertem Ochsenfleisch. Dazu gab es zerlassene Butter. Zum Eintopf aßen wir Reis oder Buchweizengrütze. Von den Suppen schmeckte uns *Borschtsch* besonders gut, die weißrussische Variante mit Roter Bete, Weißkohl und Ochsenfleisch, dazu Smetanasauce aus dicker saurer Sahne, aber auch *Schtschi* mit Sauerkraut. Alles wurde frisch zubereitet, einen Kühlschrank gab es nicht.

Die Wohnwagen wechselten von Zirkus zu Zirkus. Wir mieteten sie oder kauften sie, um sie – manchmal schon nach kurzer Zeit – wieder zu verkaufen.

Wenn der Zirkus seine Zelte abgebrochen hatte, schleppten Traktoren die Wagen zu einem Bahnhof, wo sie auf offene

Waggons verladen wurden. Manchmal belegten wir zwei oder drei lange Eisenbahnzüge. Wir reisten dritter Klasse, während es sich die prominenteren Artisten in der zweiten oder ersten Klasse wohl sein ließen.

Ich liebte diese Zugfahrten, die einfachen Abteile mit ihren Holzbänken, die Aufbruchsstimmung, den Umzug. Man sang, musizierte, spielte Poker. Es wurde viel getrunken, und die Luft war erfüllt von Tabaksrauch. Fast alle rauchten. Meine Mama nicht, doch mein Vater war Kettenraucher und verbrauchte vier bis fünf Schachteln Zigaretten am Tag. Er bevorzugte Gauloises Bleues, Balto, die stärksten Zigaretten von allen. Sein Raucherhusten war schrecklich. Nachts wachte er auf und zündete sich eine Zigarette an, um „den Husten zu beruhigen“. Ein Wunder, dass ich in dieser verqualmten Umgebung keinen Lungenkrebs bekam.

Das schlaffe Gepäcknetz war mein Schlafplatz. Trotz des Tabaksrauchs und des nächtlichen Gebrülls der unruhigen Tiere wiegten mich das Gemurmel und der ruhige Rhythmus des Zuges in den Schlaf.

BERLIN

Mein Leben hätte vielleicht anders ausgesehen, wenn es mir möglich gewesen wäre, regelmäßig eine Schule zu besuchen und eine normale Ausbildung zu erhalten. 1932 in Berlin, bevor wir Deutschland verließen, um Hitler zu entkommen, hätte es beinahe geklappt.

Wenn wir nicht auf Tournee waren, wohnten wir in einer kleinen Wohnung in einem Berliner Arbeiterviertel. Aber unsere Straße trug einen stattlichen Namen, Lothringer Straße, sie ging in die Elsässer Straße über. Diese Namen hatte man gewählt, um daran zu erinnern, dass diese Gebiete trotz des Friedens von Versailles[8)] eigentlich deutsch und nicht französisch waren.

Von unserem Fenster konnte ich in den Hof der Grundschule blicken, die zu unserem Viertel gehörte. In der kurzen Zeit, die wir dort in der Lothringer Straße 40 verbrachten, träumte ich manchmal davon, wie alle anderen Kinder in diese Schule gehen zu dürfen. Ich hatte einen Freund, Günther Fink, der im selben Mietshaus wohnte und in die erste Klasse kommen sollte. Auch meine Mama wünschte sich, dass ich, wie sie, in die Schule gehen könnte.

Würde ich eingeschult werden und so eine riesige, von buntem Stanniolpapier glänzende und mit Fransen geschmückte Zuckertüte bekommen, ein symbolisches Füllhorn voller Schokolade und Bonbons? Dann dürfte ich auch den typischen deutschen Schulranzen tragen und würde wie all die anderen Kinder auf dem Schulhof herumtoben und genüsslich Kakao durch einen Strohhalm trinken.

Es gärte im politischen Teig. Bei uns zu Hause war die Stimmung meistens gedrückt. Meine Eltern spürten die Bedrohung. Immer öfter sprach mein Vater davon, dass wir Deutschland verlassen sollten.

Sie waren vorausschauend. Es gab gute Gründe, sich wegen des herrschenden Chaos zu beunruhigen. Zusammenstöße von Nazis, Kommunisten und Sozialdemokraten gehörten zum Alltag. Die Augen der braun gekleideten SA-Männer[9] leuchteten geradezu vor Siegesgewissheit. „Deutschland erwache, Juda verrecke!" oder „Heute gehört uns Deutschland und morgen die ganze Welt!", sangen sie und überfielen „Parasiten".

Juden, besonders die Orthodoxen mit Schläfenlocken unter den schwarzen Hüten, waren die bevorzugten Opfer. Erst schnitt man ihnen Bärte und *Peies* ab, dann wurden sie zusammengeschlagen. Die Orthodoxen lebten freiwillig in einer Art Ghetto nahe des Alexanderplatzes im Osten Berlins.

Wenn es zu solchen Übergriffen kam, glänzte die Polizei mit Abwesenheit. Es half wenig, dass der Polizeivizepräsident selbst Jude war. Sein Fußvolk ging eigene Wege. Dieser Bernhard Weiss war ein Prachtexemplar deutschen Beamtentums. Als Hitler die Macht übernahm, bat er offiziell um seine Entlassung ...

Doch nicht alle Juden sahen „jüdisch" aus. Sie strahlten nichts aus und rochen nach nichts, was die Bestien reizen konnte. Vielleicht hat Hermann Göring[10] deshalb gesagt: „Wer Jude ist, bestimme ich!"

Dennoch hatten die meisten Juden Angst, „erkannt" zu werden.

Unsere Familie wurde zu dieser Zeit nicht verfolgt. Noch behauptete niemand, dass wir der „jüdischen Weltverschwörung" angehörten, die mit dem Kommunismus und dem Kapitalismus als Werkzeug den Untergang des deutschen Volkes, je der ganzen Welt anstrebte.

In der Lothringer Straße blieb es ruhig. Ein paar Braunhemden von Hitlers Sturmabteilungen oder auch schwarz gekleidete SS-Männer[11)] eilten vorbei. Der in den blanken Stiefeln – war das nicht der Friseur? Trug der Bierkutscher nicht die Armbinde des Rotfrontkämpferbundes[12)]? Herr Fink, Tapezierer von Beruf und Vater meines besten Freundes Günther, war hingegen in der SA. Günther trug die Uniform der Kinderorganisation der Hitlerjugend, des Deutschen Jungvolks, und war also ein Pimpf.

Eines Tages lud Papa Fink Günther und mich zu einer Fahrt im Ziehkarren ein. Er sollte einige Möbel liefern. Zu meiner großen Freude erlaubte mir meine sonst so ängstliche Mutter, an diesem Ausflug teilzunehmen.

Wir krochen zwischen die Sofas und Sessel und genossen eine in unseren Augen spannende Fahrt. Obwohl ich schon den halben Erdball bereist hatte, war ich nicht verwöhnt.

Auf dem Rücken in dem schaukelnden Wagen liegend, beobachteten Günther und ich, was auf der Straße geschah, während Herr Fink ächzend die schwere Fuhre zog.

Das Abenteuer erreichte seinen Höhepunkt, als wir nach Ablieferung der Möbel anhielten, um an einer Veranstaltung der Nazis teilzunehmen. Man sammelte unter anderem Geld für das Winterhilfswerk, das Bedürftige unterstützte. Zugleich handelte es sich um eine politische Kundgebung. Die einen liefen mit den Sammelbüchsen umher, andere teilten Erbsensuppe und Apfelsinensaft an Hungrige und Neugierige aus. Wir waren beides und bekamen jeder unseren Teller Suppe aus der Feldküche.

Ein SA-Mann in weißer Jacke und braunen Hosen schwang die Kelle, während Rotkreuzschwestern mit Hakenkreuzarmbinden Tabletts durch die Menge trugen, von denen man sich Becher mit Saft nehmen durfte.

Es schmeckte wunderbar.

Plötzlich ging ein Raunen durch die Menge. Alle Blicke richteten sich auf die hakenkreuzgeschmückte Tribüne. Auf einem weißen Spruchband stand *Ein Volk, ein Reich, ein Führer!* Ein kleiner, dunkelhaariger Mann hinkte, von Uniformierten eskortiert, auf das Rednerpult zu.

„Das ist Goebbels, Hitlers Propagandagenie", sagte Herr Fink und war ganz Ohr.

Günther und ich interessierten uns nur mäßig für das Spektakel. Wir wollten mehr von dem klebrigen Saft und bekamen mehr.

Die ganze Zeit fürchtete ich, „erkannt" zu werden. Sehen die nicht, wer ich bin? Aber die sorglosen blauen Augen meines Freundes und sein „brauner" Vater, der sich angeregt mit einigen Gleichgesinnten unterhielt, zerstreuten meine Angst. Ich hatte beinahe das Gefühl, zu ihnen zu gehören, an dem allgemeinen Aufbruch, der Geschlossenheit und dem Enthusiasmus beteiligt zu sein.

Ich fühlte einen Stich im Herzen. Ein unergründliches, launisches Schicksal hatte mich auf die Seite der Verfolgten gestellt. Dieser Gedanke kehrte bis 1943 immer wieder.

Ich hatte nie Gelegenheit, die Schulbank zu drücken. 1933 verließen wir Deutschland und zogen in die Tschechoslowakei.

DAS XYLOPHON

Während meine Spielkameraden schon in jungen Jahren zu Artisten ausgebildet wurden, um so bald wie möglich mit ihren Eltern auftreten zu können, blieben mir diese Erfahrungen von Dressur und Tortur zunächst erspart. Mein Vater hatte nämlich Lehrlinge, deutsche Jungen im Alter von siebzehn, achtzehn Jahren. Sie bekamen nur Kost und Logis, schliefen und aßen mit dem Orchester. Wenn sie nicht spurten, setzte es eine Tracht Prügel. Das war nichts Besonderes in dieser Zeit.

Mein Vater machte Akrobaten, Clowns und Voltigereiter aus ihnen. Er war selbst ein begnadeter Reiter. „Tscherkessische Fantasie" hieß eine Nummer, in der meine Mutter eine kaukasische Melodie mit immer schnellerem Rhythmus sang, während mein Vater wie ein Balletttänzer auf den Spitzen seiner weichen kaukasischen Reitstiefel stand und ein Paar Säbel schwang. Das Ganze endete mit einem wilden Voltigeritt. Die Beteiligten sprangen auf die ungesattelten Pferde, ließen sich wieder hinunterfallen, glitten unter den Bäuchen der Tiere hindurch, standen zu zweit auf den Rücken und hatten noch viele andere Tricks auf Lager.

Doch eines Tages, ich war gerade sieben Jahre alt geworden, erreichte der Ernst des Lebens auch mich. Ich sollte Akrobat werden. Ich begreife heute noch nicht, wie mein Vater, ein erfahrener Artist und Trainer, auf diese dumme Idee kommen konnte.

Mir fehlten alle notwendigen Voraussetzungen. Ich war weder gelenkig noch mutig und hatte außerdem noch Höhenangst – mir wurde schon schwindlig, wenn ich auf einem Stuhl stand und hinabschaute. Leider war meine Unfähigkeit ein zusätzlicher Ansporn für meinen Vater – er wollte das Unmögliche schaffen.

Es begann damit, dass ich den Handstand erlernen musste. Nach vielen Übungsstunden und Dutzenden Ohrfeigen war das Ergebnis mager: Schweiß, Tränen und ein enttäuschter Vater, der wütend schrie: „Warum gerade mein Sohn ...!?"

Er zwang mich, auf seinen Schultern zu stehen und einen Handstand auf seinem Kopf zu machen. Ich trug einen Gürtel mit Sicherheitsleine. Meistens schwebte ich an dieser so genannten Longe in der Luft. Manchmal wurde mein Vater so wütend, dass er hinausrannte und mich einfach hängen ließ.

Für mich war es die Hölle, für meinen Vater vielleicht auch. Aber er machte weiter, er gab nicht auf.

Bloß gut, dass er auch noch anderes zu tun hatte. Die eigenen Nummern mussten geübt, die Lehrlinge trainiert werden. Zu dieser Zeit war mein Vater weißer Clown in einer italienischen Gruppe. Neue Gags sollten einstudiert werden. Dabei handelte es sich um plumpe Scherze wie den Tortenwurf oder den Guss aus dem Wassereimer, der für den klugen weißen

Clown bestimmt war, stattdessen aber den noch dümmeren Kumpel des dummen August traf, der sich natürlich rächte. An dieser Art Humor erfreuten sich vor allem die Kinder.

Alle Clowns spielten mehrere Instrumente, keiner spielte wirklich gut, das Repertoire war begrenzt. Mein Vater spielte Sopransaxophon und Gitarre. Er war ein guter Begleiter, wenn er die richtige Tonart erwischte.

Ein Teufelskerl war Bruno Zacchini, der sechzehn verschiedene Instrumente beherrschte. Unter anderem besaß er ein symphonisches Xylophon, die so genannte Strohfidel, deren Ahnen bis ins Mittelalter zurückreichen. Darauf spielte er ein Standardstück für dieses Instrument, den „Zirkus Renz Galopp", eine Huldigung an den österreichischen Zirkus. Er war so flink und variierte so geschickt, dass seine effektvollen Begleitungen an Akrobatik grenzten.

Ich war fasziniert von diesem Instrument und den Reaktionen, die es im Publikum hervorrief. Bruno bekam den größten Applaus.

Mich ließ er auf seinem Xylophon spielen. Das war ungewöhnlich. Andere wagten nicht einmal zu fragen, aber zu mir war er nett und zeigte mir sogar seine besonderen Tricks. Und siehe da, nach einigen kurzen Lektionen schlug ich den Renzgalopp. Ich hielt die Schlegel locker und zauberte aus dem Instrument vom zarten Pianissimo bis zum beherrschten Forte alles heraus.

Mein Lehrer war begeistert.

Auch mein Vater freute sich über mein bisher verborgenes Talent. Mit einer gewissen Erleichterung akzeptierte er, dass ich mich nicht zum Akrobaten eignete. Stattdessen kam er auf die Idee, mich in einer Clownnummer mitwirken zu lassen. Es war ein Zaubergag, bei dem zum Schluss alles schief ging. Die dummen Auguste verrieten alle Tricks im Voraus, stellten sich gegenseitig ein Bein und stolperten mit den Requisiten. Die Nummer endete mit dem Ausmarsch und Musik. Währenddessen brachten zwei Assistenten eine verdeckte Kiste in die Manege. Die Musik brach ab, der weiße Clown Bernardo holte einen Zauberstab hervor, zog das Tuch von der Kiste – und ich sprang heraus, in einer blauen Seidenbluse, kurzen schwarzen Hosen und Lackschuhen. Das Xylophon stand bereit, die Schlegel lagen daneben. Das Orchester wartete auf die ersten Töne des Solisten, und wir legten los.

Es lief wie geschmiert. Das Publikum applaudierte wie wild und forderte Zugaben – von dem einzigen Stück, das ich konnte.

Als wir längere Zeit in Prag wohnten, nahm ich Unterricht bei Professor Eduard Salda, Schlagzeuger im Prager Symphonieorchester und Lehrer an der Musikakademie. Ich versuchte in meinem Leben mit wechselndem Erfolg, Cello, Klarinette, Klavier, Saxophon, Querflöte und Gitarre zu spielen. Das meiste scheiterte an mangelnder Konzentration und Geduld. Auch Noten zu lesen habe ich nie gelernt, trotz vieler Versuche. Doch ich hatte ein Repertoire im Kopf, das von Liszt bis Da Falla und Chatschaturjan, von Offenbach bis Rossini reichte.

Dass ich ein Notenanalphabet bin, habe ich immer bedauert. So blieb ich ein Artist, wurde nie ein richtiger Musiker.

Xylophon spielen konnte ich fast im Handumdrehen. Es war wie eine Gabe Gottes. Doch zugleich stieß ich auch an eine Grenze. Ich akzeptierte sie und hatte nie den Ehrgeiz, sie zu überschreiten. Dort, wo ich auftrat, galt ich als seriöser Künstler. Einige meinten sogar, ich sollte Konzerte geben.

Ich wurde ein guter Handwerker, besaß Musikalität und präsentierte – „verkaufte“, wie es im Artistenjargon hieß – meine Nummer ohne Schnickschnack. Ich erhielt immer den größten Applaus, kam aber nie in die Nähe der richtig großen Gagen.

GLÜCKLICHE JAHRE

Hitlers Schatten verdunkelte bereits vielen Millionen Menschen das Leben. Die großen deutschen Zirkusse waren uns verschlossen. Im Ausland zeigten die deutschen Artisten plötzlich Stolz und ein neues Bewusstsein. *Deutschland erwache!* Es war etwas Großes im Gange, das merkte man vielen von ihnen an.

Die Tschechoslowakei der Jahre 1933 bis 1939, diese künstliche und in vielem widersprüchliche Republik, gab mir und meiner Familie ein Gefühl von Sicherheit.

Wir waren viel mit dem Zirkus Klucky auf Tournee und kamen in alle Winkel dieses multiethnischen Landes, in dem

Tschechen, Slowaken, Sudetendeutsche, Ungarn, Ruthenen, Juden und Zigeuner lebten.

Natürlich blieb uns die Spannungen, die zwischen den Tschechen und den anderen Bevölkerungsgruppen herrschten, nicht verborgen. Dennoch gab das demokratische System, im Hinblick auf seine kurze Existenz, Proben großer Liberalität. Die Grenzen des Landes waren offen für viele, die vor dem aufkommenden Nazismus flohen.

Wir hatten unsere Basis im Prager Arbeiterbezirk Zizkov, waren aber oft in Bratislava, Brno und vielen anderen Städten der Tschechoslowakei. Dort gab ich auch mein Debüt als Xylophonist unter dem Künstlernamen Sioma, meinem Kosenamen. Ich war acht Jahre alt.

Papa hatte einen guten Freund aus der Berliner Zeit. Frank Lederer war einer der größten Künstleragenten Deutschlands gewesen. Nach seiner Flucht vor Hitler hatte er sich in Prag etabliert. Eines Tages kam er in den Zirkus Klucky, um meinen Auftritt zu sehen. Was er sah und hörte, gefiel ihm. Er schlug vor, dass ich in Varietés und Nachtklubs wechseln und mir ein besseres Instrument mit Resonanzröhren anschaffen sollte.

Und so geschah es. Unter Lederers Leitung bekam ich Verträge, die mir – für unsere Verhältnisse – gute Einkommen sicherten.

Es begann in Prag. In den Varietétheatern gab es häufig zwei Vorstellungen am Abend, sonntags sogar drei. In den Nachtklubs wurde es oft spät, zwischen Mitternacht und drei Uhr morgens, viel zu spät für einen knapp zehnjährigen Jungen, dessen Vater zwischen den Auftritten verschwand, um Liebschaften nachzugehen oder Poker zu spielen.

Ich hatte große Angst vor der Dunkelheit. Wahrscheinlich gründete sie darin, dass mich mein Vater so oft allein ließ. Wenn ich im Nachtklub eines feinen Hotels engagiert war, aßen und wohnten wir im Hause, das gehörte zum Vertrag. Es gab immer gutes Essen und schöne Zimmer. Doch nach dem letzten Auftritt musste ich allein im Lift nach oben fahren. Dort machte ich schnell alle Lampen an und legte mich ins Bett. Ich wagte nicht einmal, auf die Toilette zu gehen, sondern erledigte mein Geschäft auf dem Nachttopf, der in dem Schränkchen neben dem Bett stand.

Manche Verträge sahen vor, dass ich nach dem Auftritt Karten mit meinem Porträt verkaufen sollte. Ich ging von Tisch zu Tisch. Die Gäste bezahlten nach Lust und Laune. Ich nahm so viel Geld ein, dass die etwas niedrigeren Gagen wieder wettgemacht wurden.

Ich erinnere mich an eine Woche in Zlin. Dort stand das größte und modernste Kino der Tschechoslowakei. Zwischen den Filmen trat ich von einem Pianisten begleitet dort auf. Es war vertraglich festgelegt, dass ich in Zlin keine Gage bekommen, sondern nur das Recht haben sollte, meine Postkarten zu verkaufen. Nach meiner Nummer hatte ich dafür nur zehn Minuten Zeit. Dann erlosch das Licht, und der nächste Film begann.

Papa löste das Problem, indem er fünf Personen anstellte, die er am Umsatz der verkauften Karten beteiligte. Mit uns beiden waren wir also sieben und scheffelten, wie es uns schien, ungeheure Summen. Da spielte es keine so große Rolle, dass die eine oder andere Krone „aus Versehen" in den Taschen der Verkäufer verschwand.

In Belgrad, einer provinziellen Stadt mit herrlichen alten Vierteln und belebten Plätzen, gab es einen beliebten Nachtklub, der „Russkij Tzar" hieß und im Zentrum lag. Dort trat Collini auf, ein weltbekannter Illusionist. Vierzehn Tage lang sollte ich das Programm mit ihm bestreiten.

Zu Beginn der zweiten Woche kam eine elegante Karte mit dem Wappen des Hauses Karageorgevic[13)], eine Einladung vom Hofe. Collini und ich sollten vor der königlichen Familie auftreten!

Der junge Peter, drei Jahre älter als ich, hatte gerade den Thron bestiegen, mit seinem Onkel Paul als Vormund. König Alexander, Peters Vater, war 1934 in Marseille von kroatischen Nationalisten ermordet worden.

An dem vorgesehenen Tag fuhren gleich drei große Limousinen mit Chauffeuren in Livree vor. In einem Wagen wurden die Requisiten verstaut, in den beiden anderen nahmen Collini, seine beiden Assistenten, der Pianist des Nachtklubs und ich Platz.

Wir fuhren durch das Tor des Schlosses, zwei Wachposten salutierten. Ein Zeremonienmeister empfing uns. Wir wurden in ein Gemach voller Plüschmöbel geführt. Dort kleideten wir uns um und bereiteten unsere Requisiten vor. Dann geleitete man uns in einen Salon mit Kristallleuchtern, kunstvollen

Vorhängen, vergoldeten Möbeln und einem großen Bechstein-Flügel.

Da saßen außer dem jungen König, den ich von Bildern und Briefmarken kannte, mehrere Prinzessinnen, Prinzen sowie deren Freunde. Sie tranken Tee oder Saft und schienen an unseren Künsten nur mäßig interessiert. Doch als Collini mit seiner Ausstrahlung und seinem Geschick zu zaubern begann, wurde es still. Danach wollten die jungen Leute wissen, wie er es gemacht hatte. Augenzwinkernd verriet er ihnen einige seiner Tricks.

Nun war das Publikum aufgetaut, und meine Nummer wurde mit Wohlwollen aufgenommen. Der junge König fragte mich auf Französisch, woher ich komme und wie alt ich sei.

„Zehn Jahre“, antwortete ich, und die Audienz war vorüber.

Im „Russkij Tzar“ waren wir in aller Augen Helden, sogar Collinis Assistenten. Regnet es auf den Pfarrer, tröpfelt es auch auf den Küster ... Welche Ehre für das Etablissement! Selbst hatte ich kaum begriffen, welche Gunst mir zuteil geworden war, so dass sich der Stolz erst nachträglich einstellte. Dass ich vor einem richtigen König hatte spielen dürfen – es war wie im Märchen. Wir wurden von Zeitungen interviewt und traten an den letzten Tagen in Belgrad vor vollen Häusern auf: Schaut, das sind die Hofartisten!

Wir erhielten ein signiertes Bild von König Peter und ein königliches Diplom, jedoch keine königliche Gage.

Wie kam ich mit dem ganzen Wirbel zurecht, der um mich veranstaltet wurde? Ich wurde ja als Wunderkind betrachtet. Damen tätschelten mir die Wange, Herren klopften mir väterlich anerkennend auf die Schulter und fragten sich wohl im Stillen: Was wird aus so einem kleinen Teufelskerl, wenn er erst groß ist!? Hätten sie gewusst, was Hitler plante, wäre die Frage wohl anders gestellt worden: Was könnte aus so einem werden, falls er überlebt?

Die Erwartung der Zuschauer und die Wärme der Scheinwerfer zu spüren, war immer ein großes Erlebnis für mich. Zu wissen, dass es im Publikum Menschen gab, die nur meinetwegen gekommen waren, hat mich oft regelrecht stolz gemacht.

DAS LAND DER BANKEN

Als Großbritannien und Frankreich, Länder, die dazu beigetragen hatten, die Tschechoslowakei zu gründen, die junge Republik 1938 als Zugeständnis an Hitler „verkauften", fühlte mein Vater, dass es wieder einmal an der Zeit war zu fliehen. Diesmal wählte er die Schweiz. Wir erreichten Zürich im Februar 1939. Einen Monat später wurde das, was von der tapferen und schönen Tschechoslowakei noch übrig war, von Deutschland eingenommen.

Die Schweiz war ein Traumland für mich, eine naturschöne, saubere und stabile Föderation aus zweiundzwanzig Kantonen. Jeder dieser Verwaltungsbezirke hatte ein Polizeikorps mit eigener Uniform. Das Land war so reich, dass es sich nicht nur vier Sprachen, sondern sogar eine Währung mit Gold- und Silbermünzen leisten konnte. Was für ein Idyll!

Das Land der Banken gewährt ausländischem Kapital bereitwillig Zuflucht, den Menschen jedoch nicht so gern. Die beste Eintrittskarte für die Schweiz war ein fettes Bankkonto.

Wir besaßen nur einige Instrumente sowie ein paar Requisiten und Bühnenkostüme. Aber ich hatte mir mittlerweile einen gewissen Namen gemacht und wurde so in mehreren Städten engagiert. Mein Agent hieß Max Blättler, er besorgte mir auch die Arbeitserlaubnis. Seine Tätigkeit war lebenswichtig für uns und die hohe Beteiligung von dreißig Prozent an meinen Einkünften wohl wert.

Mein Vater und Max Blättler gingen oft zusammen aus und feierten. Beide schätzten die guten Schweizer Weine und das Kirschwasser.

Auch ich war Versuchungen ausgesetzt, wenngleich ganz anderer Art. Max Blättlers Frau Alice war eine bildschöne Brünette mit einem charmanten französischen Akzent. Dagegen wirkte ihr Mann wie ein grober Klotz. Also verkehrte Alice, Genussmensch durch und durch, lieber mit einer attraktiven Freundin. Sie lebten in einer zärtlichen Symbiose.

Herr Blättler wusste und akzeptierte das.

Für mich, einen frühreifen Teenager, erfahrener als die meisten Jungen in meinem Alter, war das Ganze ein erotischer Traum, der in Erfüllung ging.

Wenn ich in der Luxuswohnung der Blättlers war und in der sündhaft schwarzen Badewanne badete, kamen Alice und ihre Freundin, um zu sehen, ob ich mich auch ordentlich wusch. Dabei kicherten sie und flirteten mit mir. Mit der Handdusche und zärtlichen Fingern sorgten sie dafür, dass der Wasserstrahl wirklich überallhin gelangte. Ich habe nie im Leben so gern und so oft gebadet wie damals.

Dass ich sexuell ausgenutzt wurde, kam mir nicht in den Sinn.

In Bern trat ich im Kursaal auf und eines Tages auch für einen christlichen Jugendverein. Rudolf Wyss, der Leiter, lud mich auch zu den Treffen und geselligen Abenden ein. Dort entdeckte ich Jesus. Seine Liebesbotschaft sprach mich an. Es war das erste Mal, dass ich mich ernsthaft mit einer Religion beschäftigte. Ich las das Neue Testament und hatte interessante Diskussionen mit den anderen Jugendlichen. Jedes Mal kam ich ganz aufgeregt nach Hause. Können wir nicht Christen werden?, war meine ständige Frage.

Meine Eltern sahen diese Begeisterung, teilten sie jedoch nicht. Das hatte nichts damit zu tun, dass wir Juden waren. Religion hatte in unserem Nomadenleben einfach keine Bedeutung und keinen Platz.

Herr Wyss umarmte und küsste uns Jungen sehr oft auf die Wangen. Das hatte auch Jesus mit seinen Jüngern getan, wir konnten es auf den Bildern sehen. Eines Tages, als wir allein waren, versuchte er, mich auf den Mund zu küssen. Etwas sagte mir, dass Jesus das nicht getan hätte.

Ich ging nicht mehr zu den Treffen.

In meine Garderobe im „Esplanade" in Zürich kam eines Tages ein Mann und fragte, ob er stören dürfe. Er stellte sich vor und reichte mir sogar seine Visitenkarte.

Er war Graphologe. Das klang so eindrucksvoll, dass ich gar nicht wagte zu fragen, womit er sein Geld verdiente. Er griff nach meiner Hand und bat darum, sie sich einmal ansehen zu dürfen. Das hatte noch niemand von mir gewollt, nicht einmal die vielen Zigeuner, die ich kannte.

Lange studierte der Mann meine Handfläche. Dann sagte er: „Interessant, sehr interessant. Ein bemerkenswertes Leben. Vielen Dank, dass Sie Zeit für mich hatten."

So etwas hatte auch noch nie jemand zu mir gesagt. Er durfte nicht gehen! Erst wollte ich wissen, wie es mir ergehen und wann ich sterben würde.

„Soll ich es Ihnen wirklich sagen? Die meisten ziehen es vor, die Wahrheit nicht zu kennen."

Ich bestand darauf, also setzte er sich und nahm noch einmal meine Hand.

„Das hier ist die so genannte Lebenslinie. Wenn Sie es denn unbedingt wissen wollen: Sie werden achtundvierzig Jahre alt."

Das war eine klare Aussage, die er ohne zu zögern hervorbrachte. Der Mann verstand seine Sache, meinte ich.

Als ich meinen Eltern von diesem Vorfall erzählte, wurden sie sehr wütend. Welche Dummheit! Niemand wisse, wann ein

Mensch sterben werde. Mein Vater hoffte, diesem Mann einmal zu begegnen, dann würde er ihm eine Tracht Prügel verabreichen.

Die Fragen um Leben und Tod haben mich von jeher beschäftigt. Schon als ich noch sehr jung war, lag ich manchmal im Bett und stellte mir vor, was geschähe, wenn unser Planet in Millionen von Jahren aus seiner Bahn gerissen würde. Das hatte ich irgendwo aufgeschnappt. Der Gedanke an die Vergänglichkeit meiner Person und des ganzen Menschengeschlechts versetzte mich stets in eine seltsame Stimmung.

Die Antwort des Graphologen ließ mich nicht zur Ruhe kommen. Achtundvierzig Jahre! Einem Dreizehnjährigen erschien das viel, die Tage und Nächte waren lang. Aber ich hasste den Tod, mochte er tausend Jahre entfernt sein ...

Der Mann in Zürich wäre sicher geschmeichelt gewesen, hätte er gewusst, wie lange mich seine Weissagung beschäftigte.

Ich war immer noch dreizehn Jahre, als ich in Biel meine erste große Liebe erlebte.

Sie hieß Arlette, trug lange, aschblonde Zöpfe und duftete nach Alpenkräutern. Dass sie zwei Jahre älter war als ich, störte mich nicht. Mein Herz klopfte, meine Ohren glühten. Wir unternahmen lange Fahrradtouren, hielten Händchen und umarmten uns scheu.

Die braun gebrannte, nackte Frau Blättler war die Sünde, Arlette das Paradies.

Von Biel ging es über Genf nach Paris. Dort wurden die Gedanken sinnlicher, Arlette passte nicht mehr in das Muster. Ihr Bild ist mit der Zeit verblasst. Trotzdem wird sie immer meine erste Liebe bleiben.

PARIS

Das Hotel „Cité du Midi" stand in einer Sackgasse gleichen Namens in Montmartre[14)]. Dort gab es auch eine Privatklinik, ein öffentliches Bad, einen Probenraum für Artisten samt einer Bar mit Ausgang zum Boulevard Rochechouard, die hauptsächlich von Prostituierten und ihren Kunden besucht wurde.

Im Hotel gab es keine Duschen, dafür Bidets. Die Toiletten bestanden aus Löchern, über die man sich hockte, um seine Notdurft zu verrichten. Immerhin ließen sie sich mit Wasser spülen.

Hier wohnte ein bunt zusammengewürfeltes Völkchen, meistens Artisten, die sich keine eigene Wohnung leisten konnten. Die Miete war relativ billig. Die Haupteinnahmen des Hotels kamen aus dem stundenweisen Vermieten von Zimmern an Verliebte und Nutten. Ein Handtuch war im Preis inbegriffen.

Ich, dreizehn, teilte das Zimmer mit meinem siebenjährigen Bruder Victor. Unsere Eltern wohnten eine Treppe tiefer.

Wir lagen bei offenem Fenster auf dem Doppelbett, es kann sehr schwül sein in Paris. Natürlich waren auch alle anderen Fenster des kleinen Hotels geöffnet worden. Aus ihnen drang ein Gewirr aller Sprachen der Liebe, in die sich Stöhnen und spitze Schreie mischten. Wir deuteten diese Geräuschkulisse auf unsere Weise.

Wir waren nicht zum ersten Mal in Paris und kannten das schäbige Hotel von früheren Besuchen. Bei unseren kurzen Engagements hatten wir es zu nichts Besserem gebracht.

Diesmal, am 30. August 1939, mussten wir gegen unseren Willen in Frankreich bleiben. Eigentlich waren wir auf dem Weg in die USA, wo ich einen Vertrag zu erfüllen hatte. Doch es fehlten wichtige Papiere, und so hieß es, einen Monat zu warten, bis das nächste Schiff von Le Havre ablegte.

Am Tag darauf überfiel Deutschland Polen. Damit war unser Schicksal besiegelt.

Am 29. August hatten wir die schöne, aber kaltherzige Schweiz verlassen, die, obwohl Sitz des Roten Kreuzes und des Völkerbundes [15)], Flüchtlingen kein Asyl gewährte.

Wir waren staatenlos. Meine Eltern, die vor der russischen Revolution geflohen waren, besaßen den so genannten Nansenpass, den Passersatz für Staatenlose. Diese zu nichts verpflichtenden Ausweispapiere wurden auf Anregung des norwegischen Polarforschers Fritjof Nansen seit 1922 ausgestellt. Der Nansenpass war zwar international gültig, doch wir wurden überall als Unpersonen behandelt. Man muss berücksichtigen, dass unser Schicksal in den Händen arroganter Beamter lag, die auf unsere Bestechungsgelder regelrecht warteten.

Bei wem hätten wir uns beklagen sollen? Bei dem vom Völkerbund eingerichteten Nansenbüro? Das hatte seine Arbeit eingestellt, nachdem es 1938 mit dem Friedensnobelpreis ausgezeichnet worden war ...

Das Frankreich, in das wir kamen, war höchst unfreiwillig in einen Konflikt hineingezogen worden, für den es weder bereit noch gerüstet war – einen neuen Weltkrieg.

DER „KOMISCHE KRIEG"

Erst als Hitler ein britisches Ultimatum, die deutschen Truppen aus Polen zurückzuziehen, missachtet, entschließen sich Großbritannien, Frankreich, Australien und Neuseeland endlich, dem ungehinderten Vormarsch Nazideutschlands etwas entgegenzusetzen.

Während Polen geteilt wird und verblutet, befindet sich Frankreich in *la drôle de guerre*, dem „komischen Krieg". Im Saargebiet kommt es zu vereinzelten Schusswechseln, ansonsten lauert man aufeinander in riesigen Betonfestungen, der Maginotlinie [16)] und der Siegfriedlinie [17)]. Die Briten bombardieren Deutschland mit Flugblättern. Das deutsche Volk soll den immer beliebteren und bisher auf allen Gebieten siegreichen Führer stürzen ...

Die Uniformen der Alliierten prägen das Pariser Straßenbild: Royal Air Force, Schotten im Kilt, Reste der polnischen und tschechoslowakischen Armeen, Kolonialsoldaten aus Marokko, Vietnam, Indien, dem Senegal und der Fremdenlegion.

Der Krieg aber findet woanders statt, in Polen und Finnland.

Die Verdunkelungspflicht wird eingeführt, schwarze Rollgardinen überall. Die Straßenlaternen und die Scheinwerfer der Autos müssen schwarz übermalt werden. Alles wird nachlässig ausgeführt. Wenige glauben, dass es Sinn hat oder überhaupt notwendig ist.

Die täglichen Gespräche drehen sich um „unsere Jungs an der Front". Unzählige Schals und Socken werden gestrickt, Fresspakete an die bereits wohlgenährten Helden geschickt. Man singt *La Madelon* oder *It´s a long way to Tipperary* und tanzt *Lambeth walk*. In den Varietés und Kabaretts werden die Vorstellungen stets mit einer dümmlichen Anspielung auf die Nationalsymbole, die französische Marianne und den britischen John Bull, beendet.

Den Sieg haben wir schon in der Tasche. Wer gewann den Ersten Weltkrieg? Wer war größer und stärker? Wer daran zweifelt, muss nur auf eine der riesigen Weltkarten schauen. Frankreich und England sind dort samt all ihren Kolonien farbig hervorgehoben – fast ein Drittel des Festlandes! Das kleine braune Deutschland ist bereits geographisch besiegt ...

Mein Vater wurde in die französische Armee eingezogen. Als ehemaliger Unteroffizier der zaristischen Kavallerie machte man ihn zum Fähnrich in einer zusammengewürfelten Einheit aus Polen, Tschechen und spanischen republikanischen

Flüchtlingen. Die Spanier hatten gegen Franco[18] gekämpft und waren in Frankreich zunächst ins Lager gesteckt und wie Feinde behandelt worden. Jetzt war man froh, dass man sie hatte. In Uniformen von 1870 und mit Gewehren aus dem Ersten Weltkrieg sollten sie die Demokratie verteidigen. Zuvor wollte man sie ausbilden – ein Hohn für viele von ihnen, die dem faschistischen Feind schon Auge in Auge gegenübergestanden hatten.

Es herrschte babylonische Sprachverwirrung. Mein Vater, der Französisch, Polnisch und Tschechisch sprach, was auch die Slowaken verstanden, konnte helfen. Die Einheit gehörte zu einem französischen Infanterieregiment, das während der Ausbildung in Compiegne ganz in der Nähe von Paris lag. *Sous-lieutenant* Zubicky kam oft auf Urlaub. Stolz trug er seine russischen und einen tschechischen Orden an der schmucken Uniform. Er wäre allerdings lieber zu Hause geblieben, denn nun musste ich die Versorgung der Familie allein übernehmen.

Ich hatte viele Engagements. Meistens trat ich in Paris auf, mit Maurice Chevalier, Edith Piaf, Fernandel, Charles Trenet, Josephine Baker, Django Reinhardt und vielen anderen. Aber ich gastierte auch in Bordeaux, Cannes, Lyon, Dijon und Marseille.

Ich trat auch vor „unseren Jungs“ auf. Die gelangweilten Soldaten sollten unterhalten werden. Kleine mobile Gruppen von Artisten und Künstlern besuchten „die Front“. Es konnte die Maginotlinie sein, die Marinebasen in Toulon und Cherbourg oder auch ein Fliegerhorst. Wir trugen Uniform, meine war sogar maßgeschneidert. Ich kam mir ungeheuer wichtig vor, denn nun war ich ein richtiger Soldat und kein Wunderkind mehr. Überall wurden wir mit großer Freundlichkeit aufgenommen. Doch die Männer interessierten sich vor allem für die Ballettmädchen, wir anderen waren nur der Anhang.

Auch in der Cité du Midi war allerhand los. Wir Zivilisten sollten *défense passive* lernen. Dazu gehörten vor allem Luftschutzübungen. Wir wurden über Gasbomben, Senfgas und Yperit informiert – wie an der Front im Ersten Weltkrieg.[19]

Luftschutzräume, die diese Bezeichnung verdient hätten, gab es nicht. Die Metrostationen Pigalle und Blanche waren zu weit entfernt. Deshalb wurden in dem kleinen Garten der Privatklinik einige Schützengräben ausgehoben. Es wurden Gasmasken verteilt, die Jahrzehnte in irgendwelchen Depots herumgelegen hatten. Sie reichten nicht für alle. Denjenigen, die keine ergattert hatten, wurde geraten, ein in Natron getränktes Handtuch vors Gesicht zu halten, bis die Gasgefahr vorüber wäre.

Ich erinnere mich an einen Fliegeralarm in einer sternenklaren Nacht. Schicksalhaft heulten die Sirenen. Jetzt wurde es ernst. Vor allem die Hotelgäste und die Nachtschwestern der Klinik (was machten eigentlich die Patienten?) rannten in Panik zu den Schützengräben. Flugzeuge waren weder zu hören noch zu sehen, nicht das leiseste Brummen verriet ihr Nahen. Alle waren gespannt, manche an der Grenze zur Hysterie. Einige Spaßvögel versuchten, die Ängstlichen zu beruhigen, das sei ja doch nur eine Übung.

„Als sie Guernica und Madrid bombardierten, haben sie wohl auch nur geübt?“, war die bissige Antwort.

Plötzlich war aus der Ferne Motorengeräusche zu hören, die sich rasch näherten. Zugleich setzte das Hämmern der Flak ein.

„Sie fliegen genau über uns“, schrie jemand. „Sie können uns sehen!“

„Sei still und rühr dich nicht“, erwiderte ein anderer.

„Jetzt kommt das Gas“, heulte eine Frau und fummelte an ihrer Gasmaske.

Wir versuchten, eins mit dem Schützengraben zu werden, schmiegten uns an die Erde. Die natrongetränkten Tücher wurden gegen das Gesicht gepresst. Meine Mutter umarmte uns, als wäre die letzte Stunde gekommen. Sie vergaß ihr Handtuch und wimmerte nur „meine Kinder, meine Kinder“.

Nichts geschah in dieser Nacht in der Cité du Midi. Der Montmartre, ganz Paris blieb unbehelligt. Die Zeitungen berichteten am Tag darauf von einem Versuch, die Renaultwerke in Billancourt, weit entfernt vom Stadtzentrum, zu bombardieren. Keine Treffer, keine zivilen Opfer. Drei gegnerische Flugzeuge waren abgeschossen worden.

Wir waren um eine Erfahrung reicher. Alle im Hotel begrüßten sich mit einem warmen, etwas verschämten Lächeln. Waren wir doch gemeinsam „dem Tode entronnen“ ...

Der „komische Krieg“ ging zu Ende. Bald sollte es ernst werden.

DIE BESETZUNG

Am 13. Juni ging das Gerücht um, Paris sei von den Hitlertruppen umzingelt. Paris war zur „offenen Stadt" erklärt worden, was einer Kapitulation gleichkam.

Am Tag darauf marschierte die Deutsche Wehrmacht ein.

Wir blieben im Hotel und warteten voller Angst auf die Gestapo[20]. Die Geheimpolizisten sollten schon in Paris sein, hatten aber, vermuteten wir, erst einmal wichtigere Personen als uns im Auge.

Die Straßen waren menschenleer, jedenfalls in der Nähe des Place Pigalle, wo wir wohnten. Es dauerte aber kaum vierundzwanzig Stunden, da siegte die Neugier über die Angst. Jeder wollte einen Blick auf den Feind werfen, dessen feldgraue Einheiten wie riesige Würmer in die Stadt hineinkrochen, staubig, müde, aber siegesgewiss.

„Die Boche[21] sehen doch gar nicht so schrecklich aus, das sind doch Menschen wie wir", kam es von allen Seiten. „Schau mal, da lächelt einer und sagt etwas auf Französisch", stellte jemand fest.

Unseren Nachbarn folgend wagten auch wir uns vor das Haus und hörten das uns so geläufige Deutsch in diversen Dialekten und Ruckzuckvarianten.

Das konnte nicht sein! Hier waren sie, die Judenhasser, die in uns ihr Unglück sahen. Judenhass lässt sich nicht definieren, es sei denn als Seuche. Wir hatten sie noch nicht am eigenen Leibe erfahren. Doch wir saßen schon in der Falle.

Jean-Paul Sartre[22] versuchte, den Antisemitismus mit Ironie bloßzustellen: „Ich verabscheue Tomaten. Es muss irgendetwas in den Tomaten geben, was sie ungenießbar macht."

Der 14. Juni 1940.

Auf den Champs Elysées, der Pariser Prachtstraße, marschierten jetzt die Soldaten des Dritten Reiches. Zum Preußischen Parademarsch werfen sie die Beine hoch, mit gestreckten Knien. Auf dem Triumphbogen weht die Hakenkreuzfahne, vier Jahre lang.

Hitler ist in Paris, genießt den Sieg, bewundert die Architektur – und denkt an Berlin. Er will die deutsche Reichshauptstadt zu einer dem tausendjährigen Reich würdigen Metropolis machen. Albert Speer[23] soll ihm dabei zur Seite stehen.

Beim Einmarsch waren nicht viele Franzosen da. Einige weinten, die Polizisten salutierten einfältig.

Auch das übrige Frankreich wirkte hilflos. Nur die Hälfte des Landes wurde von der Siegermacht besetzt. Den Rest, mit der Hauptstadt Vichy, regierte der greise Marschall Philippe Petain. Er war ein eingefleischter Faschist und bekannt als „Held von Verdun", wo im Ersten Weltkrieg eine halbe Million Soldaten sinnlos verheizt worden war.

Die Franzosen im Allgemeinen sahen die deutsche Besatzung nicht als Katastrophe. Es fehlte nicht an Kollaborateuren; der Rest war, mit wenigen Ausnahmen, gleichgültig. Nur wenige engagierten sich in der oft amateurhaft geleiteten, wenig effektiven Widerstandsbewegung, die selten Unterstützung in der Bevölkerung fand. Die Vergeltung der Nazis für jeden umgebrachten Deutschen war unbarmherzig. Jedes Mal wurden einhundert Geiseln hingerichtet. Der Nationalmythos des umfassenden französischen Widerstands gegen den Nationalsozialismus entstand erst nach dem Krieg, um Frankreichs „Ehre“ zu retten.

Zum ersten Mal lebten wir illegal, ohne Arbeit, ohne Einkommen. Unsere begrenzten Mittel gingen zu Ende. Wie sollten wir Lebensmittel und die Miete bezahlen? Verkauften wir heimliche Schätze? So etwas gab es nur im Märchen. Wenig märchenhaft waren auch unsere Mahlzeiten. Tag für Tag kamen Kartoffeln, Zwiebeln und Speiseöl auf den Tisch. Ich erinnere mich aber nicht daran, gehungert zu haben. Manchmal luden wir sogar Bekannte zum Essen ein. In dem fast allgemeinen „Sich-selbst-am-nächsten-sein“ gab es auch verständnisvolle und freigiebige Menschen. Der sonst so hartherzige Hotelbesitzer, dem wir mehr und mehr Geld schuldeten, bedrängte uns nie und grüßte stets gleichermaßen freundlich mit seinem ewigen Zigarettenstummel im Mundwinkel.

In dieser Zeit kamen viele Flüchtlinge nach Paris. Die schnelle deutsche Angriffswoge hatte sie vor sich hergetrieben. Viele, die durch Angriffe Haus und Hof verloren hatten, waren in allen möglichen Fahrzeugen so weit gefahren, wie der Sprit reichte, und hatten ihre Flucht dann zu Fuß fortgesetzt. Die Pferde hatte das französische Heer beschlagnahmt. Kinder, Jugendliche, Menschen jeden Alters, Kranke und Behinderte waren zwischen die Fronten geraten und zum Teil von deutschen Jagdflugzeugen gezielt beschossen worden. Nun erlebten die Franzosen, wovon die geflohenen spanischen Republikaner berichtet hatten. Dort hatte Hitler seine Generalprobe abgehalten, hier durften seine Truppen ihre taktische Überlegenheit voll ausspielen.

Mit der Flüchtlingswelle kam auch mein Vater zurück, in Zivil und ohne Papiere. Sein Regiment war bei Amiens von schnellen Panzerkräften der Wehrmacht eingeschlossen worden. Viele waren gefallen, doch er hatte sich mit einigen Kameraden durchschlagen können. Damit war unsere kleine Familie wieder vereint.

Die Besatzer hielten Einzug in die Vergnügungslokale des Montmartre. Sie hatten Befehl, korrekt aufzutreten, die Disziplin war eisern. Man versuchte, Sympathien für ein „Neuropa" unter Hitler zu schaffen, in dem Platz für die Franzosen sein sollte.

Die Huren in unserer Nachbarschaft, die wir gut kannten und freundlich grüßten, machten glänzende Geschäfte. In einigen Bars gab es Livemusik, das erhöhte die Umsätze. Die Musiker spielten ein paar Titel, dann liefen sie mit einem Teller von Tisch zu Tisch. Für eine Reichsmark bekam man zwanzig Francs. Die Feldgrauen warfen mit dem französischen Geld nur so um sich.

Da war es auch für uns an der Zeit, zu Gitarre und Altsaxophon zu greifen. Mein Vater und ich spielten in der Bar Cité du Midi, einem kleinen Straßenlokal, aus dem die Freudenmädchen unaufhörlich ihre Freier abschleppten. Deshalb fiel es gar nicht auf, wie begrenzt unser Repertoire war. Wir verdienten immerhin so viel, dass wir unsere Schulden und die Miete bezahlen konnten.

Unter den Flüchtlingen waren auch viele junge Frauen, die sich nun prostituieren mussten, um zu überleben. Der Markt war groß, die Bedingungen hart. Die meisten Huren hatten ein bestimmtes Revier und ließen es nicht kampflos zu, dass junge, frische Konkurrentinnen ihnen die Kunden abjagten. Brutale Zuhälter überwachten das Geschäft, übernahmen die Neuen und wiesen ihnen Plätze zu.

Ich erinnere mich besonders an ein Mädchen aus Abbeville in Nordfrankreich. Sie war mit ihrem Halbbruder geflohen, der das Gymnasium besuchte. Der Rest der Familie war spurlos verschwunden. Eines Tages tauchte sie in unserer Bar auf, eine Schönheit, zart wie ein Pfirsich, frisch wie ein Apfel. Wir unterhielten uns manchmal zwischen zwei Musikstücken, wenn sie gerade keinen Freier hatte. Es war ihr gelungen, ihren Bruder an einer Schule unterzubringen. Er wusste natürlich nicht, woher das Geld kam. In kurzer Zeit verwandelte sie sich in ein Straßenmädchen, es war schrecklich. Ich wagte kaum noch sie anzusehen, und auch sie schien mich nach einer Zeit nicht mehr zu bemerken. Irgendwann verschwand sie und wurde nie wieder gesehen.

TRADITIONEN DES HASSES

Es war ein in großen Teilen antisemitisches Frankreich, das Deutschland eingenommen hatte. Es fiel den französischen

Nazis nicht schwer, einen Sündenbock für die Niederlage und die Schmach zu finden: *les youpins*, wie die Juden im Volksmund genannt wurden.

Französische Judenlager wurden errichtet, sowohl in Paris als auch in der Vichyzone. Die Juden wurden registriert und allmählich nach Auschwitz deportiert. Ohne die emsige Hilfe der französischen Behörden – die waren oft eifriger, als es von ihnen verlangt wurde – wären viele der 80000 Juden niemals in die Hände der Deutschen gefallen. Das hat später Hauptsturmführer Alois Brunner ausgesagt, der unter anderem für die Deportation der Juden aus Frankreich zuständig war. In seinen Diensten hatte er französische Sicherheitsleute, die für jeden entdeckten Juden eine Kopfprämie bekamen.

Ein rein französisches „Judenkommissariat" wurde eingerichtet. Es arbeitete zuverlässig. Alle Flüchtlinge wurden verhört. Verdächtigte man jemanden, Jude zu sein, nahm man an Schädel, Nase, Lippen und Wangenknochen „anthropologische Messungen" vor. Man ging davon aus, dass die Juden durch messbare Rassenmerkmale identifiziert werden konnten. Plattfüßigkeit gehörte auch zu den Eigenschaften der „Rasse".

Wir wurden nie vermessen. Aus irgendeinem Grund passten wir nicht ins Schema. Wir behaupteten einfach, wir seien keine Juden. Punktum. Mein Vater hatte in der russischen Revolution gegen die Bolschewisten, die Erzfeinde der Nazis, gekämpft. Welcher Jude tat so etwas? In den Nansenpässen stand: geboren in Sankt Petersburg, geboren in Odessa, russischer Nationalität, sonst nichts. Wenn die Beamten mehr wissen wollten, konnten sie ja dort nachfragen.

Wir bekamen die Aufenthalts- und Arbeitserlaubnis. Das war lebensnotwendig. Noch wichtiger war, dass wir nicht als Juden erkannt wurden. In bestimmten Abständen bestellte man uns zu erneuten Verhören. Gleiche Fragen, gleiche Antworten. Der psychische Druck war Sinn dieser Maßnahmen. Wir sollten uns nicht sicher fühlen, jemand von uns konnte sich verplappern. Wir sollten wissen, dass die Behörden nicht ganz überzeugt waren.

Antisemitismus bestimmte unseren Alltag. Kein Tag verging, an dem die Juden nicht für alles mögliche verantwortlich gemacht wurden. Wir sahen Juden mit dem obligatorischen gelben Davidstern[24)], für den sie auch noch bezahlen mussten. Wir wagten kaum, ihnen in die Augen zu sehen.

Aber es gab einen kleinen Hoffnungsschimmer. Wir durften ja wieder arbeiten, Geld verdienen, Sachen kaufen. Gewiss, alles war rationiert, aber wer es sich leisten konnte, kaufte sowieso auf dem schwarzen Markt, wo man horrende Preise zahlte. Viele Schwarzmarkthaie haben ein Vermögen gemacht.

MEIN CHAMPS ELYSEES

Mein Vater unterschrieb in meinem Namen einen Vertrag mit *Le Lido*, einem der mondänsten Nachtklubs am Champs Elysées. Bei *Moulin Rouge* denkt man an Toulouse-Lautrec[25)]. Das *Casino de Paris* und die *Folies Bergères*, mit Mistinguette,

Josephine Baker und Maurice Chevalier, verkörperten in den Augen vieler die Sünde. Aber *Le Lido* lag am Champs Elysées!

Die Programme in diesen großen Nachtlokalen waren einander sehr ähnlich. Einige mehr oder weniger bekannte Sänger und Sängerinnen in Fantasiekostümen traten auf, dann folgte ein tüchtiges Ballett mit der Spezialität Can-Can sowie Artisten: Jongleure, Akrobaten, Zauberkünstler. Der spätere Filmschauspieler und Regisseur Jacques Tati war einer von ihnen. Aber eigentlich wartete das Publikum auf – die Girls! Sie wurden Mannequins genannt. Auf hohen Absätzen stolzierten sie durch den Saal, zeigten schöne Beine und nackte Brüste. Eigentlich trugen sie nur ein winziges Stoffdreieck, cache-sex genannt, am Körper. Ihr Lächeln in den stark geschminkten Gesichtern wirkte so aufgeklebt wie der aufwändige Kopfputz. Sie bildeten den erotischen Rahmen und waren der Blickfang auf den Plakaten. Mir taten sie Leid. Reiche Bewunderer standen Schlange, um mit ihnen auszugehen.

Die Nachtklubs waren Tingeltangel in Luxusverpackung mit einem nie versiegenden Publikum. Es herrschten herablassende Oberkellner, es bedienten flinke Servierer. Am Empfang stand lächelnd der elegante Boxweltmeister aus Frankreich, Georges Carpentier. Serviert wurden Gänseleber und natürlich Champagner. Die Gespräche waren gesittet, das Orchester spielte einschmeichelnde Melodien. Plötzlich ging, zum kindischen Vergnügen des Publikums, das Licht aus. In der totalen Dunkelheit glimmten nur einige Zigaretten ... Als die Lampen wieder eingeschaltet wurden, war das kleine

Schwimmbecken von einer Parkettscheibe bedeckt. Die Show konnte beginnen!

Wenn Winston mit seinen Seelöwen und Badegirls auftrat, wurde das Bassin wieder freigelegt. Die Zuschauer konnten die fast nackten Najaden[26)] aus nächster Nähe betrachten. Das Lido war Nähe, war Intimität. Man roch das Parfüm, den Schweiß, die Schminke, ein erotischer Cocktail aus Düften ... Zwischen den Showeinlagen wurde getanzt. Auch dabei kam man sich näher.

Ich trat jeden Abend drei Mal auf, zuletzt zwischen zwei und drei Uhr morgens. Also hatte ich genügend Zeit, das Leben hinter den Kulissen zu studieren. Ich fand es spannend und konnte nicht genug bekommen von diesen schönen Frauen, die sich ihrer Nacktheit gar nicht bewusst zu sein schienen. Sie beschäftigten meine Fantasie auch in dem schäbigen Hotelzimmer, das ich lange mit meinem Bruder teilte.

Als ich sechzehn wurde, bekam ich endlich ein eigenes Zimmer. Nun war der Weg frei für amouröse Abenteuer. Ein reges Liebesleben begann, ein ständiges Flirten, ein unaufhörliches Paarungsspiel auf oft engem Raum ...

IM RACHEN DES LÖWEN

Die regelmäßigen Verhöre im französischen Judenkommissariat waren zermürbend. Wie lange würden wir dem Druck widerstehen können? Dass wir unseren Henkern dennoch bis zum Juli 1943 entgingen, hatte mehr mit Glück als mit Verstand zu tun. Es gehörte sogar eine gewisse Dummdreistigkeit dazu. Mein Vater handelte oft nach dem Prinzip, dass Angriff die beste Verteidigung sei.

„Ich hab`s!", rief er eines Tages. „Wir werden für sie auftreten!" Er verschwand, ehe wir begriffen, dass er die Deutschen meinte. Als er am Abend nach Hause kam, brachte er einen hakenkreuzverzierten Vertrag mit. „Fronttheater" stand darüber. Wir sollten die Besatzer unterhalten. Die Deutschen vertrauten den französischen Judenjägern, die uns überprüft hatten. In ihren Augen waren wir kein Sicherheitsrisiko. Vater fegte unsere Einwände vom Tisch. Er war überzeugt, den misstrauischen Franzosen so am besten entkommen zu können.

Für die Besetzer, die Unterdrücker auftreten! Es war anfangs sehr unbehaglich. Aber nach und nach verschwand das Kribbeln im Magen. Wir begannen unsere Tournee in Gebieten mit geringem Sicherheitsrisiko und wurden später, nachdem man Vertrauen zu uns gefasst hatte, auch an die „Front" geschickt. Entlang des Atlantikwalls besuchten wir Truppen, von Holland bis hinunter zur spanischen Grenze. Wir, das waren Vater und ich. Mama und Victor blieben in Paris.

Wir erlebten viele alliierte Luftangriffe. In Brest lagen die deutschen Kriegsschiffe „Scharnhorst", „Gneisenau" und „Prinz Eugen". Sie waren blockiert und wurden fast täglich bombardiert, ohne getroffen zu werden. Lorient, auch in der Bretagne, war eine wichtige deutsche U-Bootbasis, ebenfalls ein beliebtes Angriffsziel.

Das Fronttheater geriet oft in den Bombenregen oder in dessen Nähe. Es war stets ein ebenso schreckliches wie faszinierendes Schauspiel. Die mächtigen Scheinwerfer tasteten sich empor, ein Strahlenballett, das erstarrte, wenn die Beute in den Lichtkegel geraten war. Die leichtere Flak spie Leuchtspurmunition in den Himmel, während die Fallschirmleuchtbomben große Flächen mit ihrem blendend weißen Licht erhellten. Flugzeuge, die explodierten und brennend zur Erde stürzten, detonierende Bomben, glühend heiße Splitter von den Luftabwehrgranaten – es war ein Inferno.

Zu den bizarrsten Ereignissen meines Lebens gehört eine Nacht in Cherbourg. Meinem Vater fiel es leicht, Bekanntschaften zu schließen, vor allem, wenn Alkohol im Spiel war. Er befreundete sich mit einem Wolgadeutschen, der perfekt Russisch sprach und ebenfalls gern einen guten Tropfen trank. Dieser Mann war Rettungsflieger.

Seine Einheit hatte die vielleicht undankbarste Aufgabe innerhalb der Luftwaffe: Sie rettete Piloten, die über dem Meer abgeschossen worden waren. Er und seine Kameraden flogen langsame, unbewaffnete Seeflugzeuge, wurden oft angegriffen und landeten schlimmstenfalls selbst im Wasser. Der reinste Selbstmordkader ... Diesen rauen Kerlen war bewusst, dass ihre Lebenserwartung unter der anderer Piloten lag. Man gewährte ihnen viele Vergünstigungen, und sie nahmen sich noch größere Freiheiten heraus. In einer großen Wohnung mitten in Cherbourg saßen sie während der Bombenangriffe am offenen Fenster und hatten alle Lampen eingeschaltet, um so das Schicksal herauszufordern. Wehe dem, der es ihnen verbieten wollte! Und wir, mein Vater und ich, saßen mitten unter diesen Verrückten. Vater spielte Gitarre, sang russische Zigeunerromanzen, trank Chateau Lafitte Rothschild aus der Flasche und beteiligte sich an der Pokerrunde. Die Stimmung war grandios. Ich wurde von den Piloten mit Schokakola, der koffeinhaltigen Fliegerschokolade, bewirtet. Wir befanden uns in einer Art magischen Raum, wo uns der Tod nichts anhaben konnte. Ich stand am offenen Fenster und beobachtete das makabre Schauspiel der Luftschlacht über Cherbourg, als ginge mich das alles nichts an.

Am klarsten erinnere ich mich jedoch an einen Sommertag in der Normandie. Wir waren mit einem Artistenensemble auf dem Weg nach Alençon. Der deutsche Chauffeur, ein gemütlicher Zigarrenraucher, legte eine Pinkelpause ein. Zu beiden Seiten der Landstraße war dichter Wald, also verschwanden die Frauen in die eine und die Männer in die andere Richtung. Nur der Chauffeur blieb an der Fahrertür stehen, seinen ewigen Zigarrenstummel im Mund.

Ein alliiertes Flugzeug tauchte wie aus dem Nichts auf, feuerte ein paar Salven in den graublauen Bus und verschwand so plötzlich, wie es gekommen war. Keine Explosion, keine Flammen. Doch den Chauffeur hatte es erwischt. Er lag da, während seine Gehirnsubstanz an der Bustür klebte und langsam herunterrann. Alles ging wahnsinnig schnell. Wir hatten noch die Motoren des Flugzeugs und das Knattern der Schüsse im Ohr.

Nichts hatte sich verändert. Die Hummeln surrten, die Vögel zwitscherten und die Schmetterlinge flatterten umher, als ob sich Gottes Natur weigerte, das grausame Spiel der Menschen mitzumachen.

Langsam und schockiert gingen wir auf den Bus zu, wo der Fahrer lag. Jemand hob den Zigarrenstummel auf und starrte ihn an.

Es war das erste Mal, dass ich eine Leiche, dass ich Gehirnsubstanz sah.

EIN HOFFNUNGSSCHIMMER

Dieppe, Normandie, 19. August 1942. Ein Landungsversuch starker kanadischer Streitkräfte endet in einem Fiasko. Viele fallen oder werden verwundet gefangen genommen. Unsere Artistengruppe war in einem kleinen Bus nach Fecamp unterwegs. Feldgendarmen stoppten uns und schickten uns nach Le Havre zurück. Kanonendonner war deutlich zu hören. Bald ging das Gerücht um, die Alliierten seien gelandet. Unglaublich! Sollten wir befreit werden?

Doch kurz darauf vernahm man wieder Liszts[27] triumphierende Töne, die einer Sondermeldung des Oberkommando des Heeres, dem OHK, vorangingen. Die „Invasion“ war gescheitert.

In der deutschen und französischen Presse und in der Wochenschau im Kino sah man die Bilder: mutlose gefangene Kanadier. „Lasst alle Hoffnung fahren“, schienen ihre Gesichter auszudrücken. Tagtäglich kamen Meldungen von deutschen Siegen an allen Fronten.

Wenn wir es gelegentlich wagten, unter Lebensgefahr Radio London einzuschalten, mit Beethovens Fünfter als Pausenzeichen, war alles umgekehrt. An der Ostfront und in Afrika wurden die Deutschen langsam, aber sicher zurückgedrängt.

Die deutschen Soldaten und die Zivilisten der Organisation Todt[28], vor denen wir auftraten, machten jedoch einen unbekümmerten und siegesgewissen Eindruck. Waren sie blind? Merkten sie nicht, dass sie Juden vor sich hatten, die sie mit „Heil Hitler" begrüßten und willkommen hießen? Gewiss, wir unterschieden uns nicht von den meisten Franzosen. Wie lange konnten wir noch mit der Lüge leben? Die Angst, entdeckt zu werden, war immer gegenwärtig.

Doch die Zeit verging, und mit jedem Tag waren wir fester davon überzeugt, dass wir es schaffen würden. Hauptsache, die Alliierten landeten endlich!

Sie kamen erst am 6. Juni 1944, als die Rote Armee schon vor Warschau und Budapest stand.

Dass Vater und ich von der kommunistischen französischen Widerstandsbewegung *Franc Tireurs et Partisans Français* angeworben wurden, war ein Zufall. Ein russischer Bekannter, Bolschewik seit der russischen Revolution, arbeitete für die FTPF. Dieser Harry Trofimow, ein warmherziger, großzügiger Mensch, war Inhaber eines Probenraums in der Cité du Midi. Trofimow fand, dass unsere Tourneen mit dem Fronttheater geeignet waren, Informationen für den Widerstand, die Résistance, zu sammeln. Er überredete meinen Vater, der keiner Ideologie anhing, und mich, der ich zu jung und politisch zu ungebildet war, um zu verstehen, worauf wir uns da einließen. Zu dritt bildeten wir eine Zelle, Harry, mein Vater und ich. Wir waren Teil einer Widerstandspyramide. Wir lieferten Informationen an Harry, er gab sie nach oben weiter, an wen, wussten wir nicht. An der Spitze des Ganzen stand einer, der die wichtigsten Nachrichten sammelte und an die französische Exilregierung in London funkte. Es gab weitere solcher Pyramiden. Jede war unabhängig und arbeitete nur zeitweise mit anderen zusammen. Wurde eine Résistancegruppe gesprengt, konnten die anderen weitermachen.

Wir beobachteten vieles während unserer Gastspiele: Minenfelder, Artilleriestellungen (das Kaliber war wichtig), Befestigungsanlagen, Fliegerhorste, Marinebasen.

Man nahm uns gegenüber kein Blatt vor den Mund, wir gehörten ja dazu. Welche Einheit war wo stationiert? Wo befanden sich Minenfelder? Wir wurden „Experten" und konnten zwischen einem Unterscharführer und einem Sonderführer, einem Kaleu und einem Maat unterscheiden. Welche U-Boote kehrten nicht zurück?

Am Wochenende lieferten wir Harry unseren Bericht. Nicht immer stimmte alles.

Meine Mutter wusste selbstverständlich von nichts. Sie sollte nicht in die Situation kommen, etwas gestehen zu müssen.

Vielleicht war unser Einsatz von Nutzen. Wir hofften es jedenfalls.

VICTOR

Wie erlebte mein kleiner Bruder Victor Frankreich, den Krieg und die Besatzung? Spürte er die ständige Unruhe, die wir in uns trugen, ahnte er die Gefahr?

Elf Jahre waren wir zusammen. Stolz hatte ich seinen alten Kinderwagen geschoben. Wenn ich das Baby in den Armen halten durfte, war ich besonders vorsichtig. Wir hatten beide Mamas Augenfarbe geerbt: graublau. Seine Haare jedoch waren heller. Wir hatten dasselbe Hautpigment, es dauerte lange, bis die Sonne uns bräunte. Während meiner Varietétourneen waren wir ganz aufeinander angewiesen und spielten jeden Tag miteinander. Ich war zwar sechs Jahre älter, aber in vieler Hinsicht genauso kindlich wie er.

Einige Monate, bevor das Leben eine wahnsinnige Wendung nahm, hatte ich ein eigenes Unterhaltungsorchester gebildet, *Sioma et ses solistes*. Mit jedem von den zwölf Musikern hatte ich zuvor schon in verschiedenen Zusammenhängen gespielt.

Ein solches Orchester war der große Traum meines Vaters, der Höhepunkt seiner – und meiner – Karriere. Zugleich sah er die Chance. Mit einem richtigen Orchester war es leichter, ein Engagement in Deutschland zu bekommen und den übereifrigen französischen Nazis zu entgehen.

Niemand außer meinem Vater konnte auf so absurde Ideen kommen.

Vater lehrte Victor, Gitarre zu spielen. Ich übte mit ihm ein leichteres Stück auf dem Xylophon ein, auch Altsaxophon blies er bald. Sein Können reichte aus, um bei der Schlussnummer meiner Show im Varieté *Folies Belleville* in Paris dabei zu sein. Jedes Mal, wenn wir zusammen spielten, hatten wir großen Erfolg. Ich konnte mich in ihm wiedererkennen – so musste ich als Wunderkind ausgesehen haben.

„DIE JÜDISCHE GEFAHR"

Als ich hörte, dass in einer großen Halle nahe den Champs Elysées die große Ausstellung „Die jüdische Gefahr" (*Le Peril Juif*) gezeigt wurde, ging ich hin. Vor dem Pavillon stand ein riesiger, etwa zehn Meter hoher Kopf aus Pappmaschee. Gekräuseltes Haar, krumme Nase, buschige Augenbrauen, wulstige Lippen, haarige, abstehende Ohren und wässrige Glotzaugen, in denen Dollarzeichen leuchteten – es war die Karikatur eines Juden, der antisemitische Traum. „Der Jude" strahlte etwas grob Perverses aus, sollte wohl eine Mischung von Börsenhai und „Rassenschänder" darstellen. Hatten die Menschen dieses dämonische Zerrbild bereits verinnerlicht?

Der kalte Schweiß brach mir aus. Sie meinten ja mich, auch wenn ich mit dieser Fratze nichts gemein hatte! Wir Juden waren alle die Gehassten, die Schuldigen, die teuflisch Andersartigen. Wir waren gierige Kapitalisten und blutrünstige Bolschewiken zugleich. Wir beherrschten angeblich die ganze Welt und wurden doch durch einen gelben Stern stigmatisiert, egal ob Arm oder Reich. Wo war eigentlich die Macht der

Juden, als England, die USA und viele andere Länder jüdische Flüchtlinge abwiesen und ins Verderben zurückschickten?

Etwas trieb mich hinein in diesen Ausstellungspavillon. Das Herz schlug mir bis zum Halse. Stürzte sich jemand auf mich, um mich zu verhaften? Alle würden mit dem Finger auf mich zeigen: Da ist er, der leibhaftige JUDE, der Feind, der uns verderben will!

Warum sahen sie mich nicht? Hatten sie sich so an das Zerrbild gewöhnt, dass sie einen wirklichen Juden nicht mehr erkannten? Dann war es natürlich notwendig, die Juden sichtbar zu machen, damit man sie erkannte, auch die blonden und blauäugigen. Ein kleiner gelber Stern ...

Ich schlenderte langsam, fast herausfordernd herum und schaute mir an, was mein verdammtes Volk alles angerichtet hatte, von Jesu Kreuzigung bis zur Pest im Mittelalter. Wir waren die Diener Mammons, verantwortlich für Krieg und Zerstörung. Ungeziefer ...

Niedergeschlagen verließ ich die Ausstellung. Es war ein Wunder, dass wir überhaupt noch lebten. Früher oder später würde man uns entlarven, würde uns der Hass besiegen.

DER HASS HOLT UNS EIN

Es war der 14. Juli 1943, der Nationalfeiertag der Franzosen. Doch auf den Champs Elysées fand keine pompöse Parade statt. La grande nation, das große Frankreich, war zu einem Vasallen des Dritten Reiches degradiert. Verräter herrschten. Täglich klebten hakenkreuzverzierte rote Plakate an den Mauern von Paris, unterzeichnet von Hitlers Militärbefehlshaber, General von Stülpnagel. Darauf standen die Namen von hingerichteten Geiseln und Mitgliedern der Widerstandsbewegung sowie Verbote und Verordnungen.

An diesem Gedenktag für die französische Revolution von 1789 wurden Mama, Victor und ich von der Gestapo abgeholt und einzeln stundenlang verhört. Es ging um unsere Spionagetätigkeit für die Résistance.

Mein Vater und ich hatten ein Szenario eingeübt, falls wir verhört werden sollten. Alle Berichte waren mündlich gegeben worden, sie konnten also nichts Schriftliches gegen uns in der Hand haben. Doch die Gestapoleute wussten Bescheid über unsere Gruppe, kannten Harrys Namen. Hatte er uns verraten? Unmöglich!

Ich stellte mich verabredungsgemäß dumm und tat so, als wüsste ich von nichts. Sie wiederholten nur immer ihre Fragen, wendeten keine Gewalt an. Für meine arme Mama war es leichter, sie wusste wirklich nichts. Wir träten doch für das deutsche Fronttheater auf, versuchte sie den Steingesichtern zu erklären. Es handele sich um einen Irrtum, der sich schnell aufklären lasse. Unbegreiflich, sie hatte wirklich nichts gemerkt! Aber sie ahnte wohl allmählich, dass wir in etwas Ernstes verwickelt waren, dass uns die Todesstrafe drohte. Da brach sie zusammen, versuchte, uns das Leben zu retten. Verwirrt, wie sie war, glaubte sie, ein kleineres „Verbrechen" gestehen zu müssen. Wir seien Juden, verriet sie. Mit der Widerstandsbewegung aber hätten wir nichts zu tun.

Das besiegelte unser Schicksal.

Wir wurden erst in das Pariser Gefängnis Santé und dann in ein Sammellager für Juden im Vorort Drancy gebracht. Die französischen Gendarmen, die uns während des Transports bewachten, musterten uns verächtlich.

Drancy war ein mieses Lager, doch verglichen mit dem, was kommen sollte, war es ein Paradies. Drei Wochen verbrachten wir dort. Männer und Frauen wohnten getrennt, durften sich aber jeden Tag treffen. Der kleine Victor blieb bei Mama, die sich große Sorgen wegen unserer Zukunft machte. Und was war mit meinem Vater geschehen?

Im Lager gingen Gerüchte um. Viele Franzosen wurden ja nach Deutschland geschickt, um Arbeitskräfte zu ersetzen, die an die Front entsandt worden waren. Angeblich sollten auch wir auf Fabriken verteilt werden.

Wir wurden gehasst, aber man brauchte uns: Schneider, Tischler, Schuhmacher, Kürschner, Ärzte, Ingenieure, Laboranten, Apotheker, Fleischer.

Die Familien werden sicher zusammen wohnen dürfen.

Nein, man wird Männer und Frauen trennen, wie in Drancy.

Natürlich bleiben die Kinder bei den Müttern. Wir haben es doch mit zivilisierten Menschen zu tun.

Besonders die deutschen Juden, unbeliebt bei den anderen Nationalitäten, schwärmten von ihrer Heimat, von der deutschen Kultur.

Victor und ich nahmen das alles gelassen. Es würde schon gut gehen. Wir sprachen fließend Deutsch. Zirkuskinder wie wir waren ja mit allen Wassern gewaschen, auch mit dem der Spree.

Eine massenhafte Vernichtung von Menschen? Unvorstellbar! Welches normale Gehirn könnte auf so eine Idee kommen?

Wer kannte schon Heinrich Heines[29)] Worte: „Dort, wo man Bücher verbrennt, verbrennt man auch am Ende Menschen"? Der Dichter der „Lorelei" schrieb das hundert Jahre vor Hitlers Machtübernahme. Er war deutscher Jude. Seine Sprache, seine wunderbare Sprache, war Deutsch.

Dann kam der Tag.

Wir wurden von deutschen SS-Männern in Güterwagen getrieben. Jeder bekam einen Brotlaib und eine Flasche Wasser. Ein Gepäckstück pro Person war erlaubt.

Es war der 2. September 1943.

TRANSPORT 59
VON DRANCY NACH AUSCHWITZ

„Am 2. September 1943 um 10.00 Uhr verließ der Transport 59 Paris/Bobigny. Er bestand aus 992 Juden jeden Alters, Männer, Frauen und Kinder. Obersturmführer Wannenwacher befehligte ihn. Bei der Ankunft am 4. September kamen 232

Männer und 106 Frauen ins Lager. Die Männer bekamen die Nummern 145 796 bis 146 027, die Frauen 58 300 bis 58 406. Die Übrigen wurden der Sonderbehandlung zugeführt."

(Aus: Mémorial de la déportation des juifs de France)

Wir fuhren in einem voll gestopften Güterwagen. Unsere Notdurft mussten wir auf einem Kübel verrichten, der bald überschwappte. Die Notdurft! Nie war diese an sich natürliche Funktion erniedrigender. Wir waren gezwungen, allen Anstand aufzugeben, wir verwandelten uns in Körper, die sich vor allen anderen entleerten. In jenem September war es erstickend warm. Bald stank der ganze Wagen nach Urin und Fäkalien. Die mit Stacheldraht versehenen Luken ließen nur wenig Luft herein. Ich sehe meine Mutter vor mir, sie schwitzte und keuchte ... Wir hatten seit langem das Zeitgefühl verloren. In dem ständigen Halbdunkel verschwammen Tage und Nächte.

Der Zug hielt oft an und rangierte hin und her, schien das Gleis oder die Lokomotive zu wechseln.

Wo waren wir?

Wir hatten seit langem aufgehört, miteinander zu sprechen. Der Übergang von einigermaßen zivilisierter Anpassung zu hemmungsloser Gereiztheit war schnell gegangen. Jeder kämpfte um sein kleines Revier.

Die Glücklichen, die einen Platz in der Nähe der Luken erwischt hatten, ließen ungern jemanden heran. Wie man sich auch bewegte, ständig stieß man an den Körper eines anderen. Die Ellenbogen wurden spitzer, die Gehässigkeit immer handgreiflicher. Doch allmählich stumpften wir ab. Sogar die Kleinkinder hörten auf zu wimmern. Alle versanken in einer Art Dämmerzustand. Der Hunger machte sich bemerkbar, aber er war nicht das Schlimmste. Durst und Gestank machten uns noch mehr zu schaffen. Das Brot, das wir in Drancy bekommen hatten, war schnell aufgegessen oder blieb einem im Halse stecken.

Plötzlich blieb der Zug ruckartig stehen. Schüsse und Hundegebell waren zu hören. Ein Fluchtversuch? Wir hatten also Frankreich noch gar nicht verlassen. Die an den Luken konnten beobachten, wie zwei Flüchtige erschossen wurden und die Schäferhunde den dritten einholten.

Unruhe verbreitete sich in unserem Wagon. Ein paar Jugendliche hatten nämlich gegen den Willen der Mehrheit begonnen, an den Bodenbrettern zu sägen. Mit ihren stumpfen Behelfswerkzeugen waren sie nicht weit gekommen, doch die Spuren ließen sich nicht verbergen. Der Zug stand noch immer still, wir hörten nur das Zischen der Lok. Dann näherten sich Stimmen und Gebell. Wurden die Wagen durchsucht? Jawohl, SS-Leute durchstöberten den ganzen Zug. Bald waren sie auch bei uns.

Die Tür wurde geöffnet, frische Luft strömte herein. Sie trieben uns in Freie. SS-Männer mit der Maschinenpistole im Anschlag umringten uns und verzogen wegen des Gestanks angeekelt das Gesicht. Sie beschimpften uns als „Judenschweine", durchsuchten den Wagen und fanden Sägespuren. Wir hatten zwei Minuten, die Schuldigen anzugeben, sonst würden sie uns alle erschießen.

Wir waren wütend auf die jungen Burschen, die unser Leben aufs Spiel gesetzt hatten. Aber alle schwiegen, vielleicht weniger aus Heldenmut als aus Erschöpfung und Apathie. Diesmal blufften die Nazis, niemand wurde erschossen. Das Endziel war ja – sie wussten es, wir nicht - Auschwitz, eine schlimmere Strafe, als durch einen Schuss zu sterben.

Alles hat einmal ein Ende, selbst die schlimmsten Qualen. Auch die höllische Fahrt, die wir in Drancy angetreten hatten, hatte eine Endstation – in jeder Hinsicht: Auschwitz. Die Türen wurden aufgerissen, die Dunkelheit von Abenddämmerung abgelöst. Sie blieben offen stehen, ohne dass etwas passierte. Der Gestank von ungewaschenen Menschenkörpern, von Urin, Exkrementen und Erbrochenem verringerte sich spürbar.

Aus allen Richtungen hörte man Kommandorufe: „Los, raus, schneller, schneller!" Einige aus unserem Wagen, darunter ich, sprangen auf den Bahndamm hinunter. Ich war wie berauscht von der frischen Abendluft und geblendet von den starken Scheinwerfern. Auf einmal stürzten sich blauweiß gestreifte Figuren auf unseren Wagen und brachten die Zögernden auf Trab. Sie halfen Älteren oder Behinderten und trugen zuletzt die Kranken, Sterbenden und Toten hinaus.

Neue Kommandos. Wir wurden hin und her gezerrt, getrennt, erneut herumgejagt. Alles ging so rasch, dass man gar nicht zu sich kam.

„Alles liegen lassen", schrien die SS-Männer und meinten unser „Gepäck". Aber wer dachte schon an so etwas in dieser

Situation? Wie viele verstanden überhaupt, was da gebrüllt wurde?

Meine Mutter war eine von den wenigen, die sich nicht von ihrer erbärmlichen Tasche trennen konnten. Sie hielt sie krampfhaft in der einen Hand, an der anderen zerrte sie meinen kleinen, leichenblassen, verschreckten Bruder hinter sich her. In dem allgemeinen Durcheinander hörte ich sie verzweifelt rufen: „Warte auf mich!"

Gott, wie wütend war ich, der Teenager, auf meine Mutter! Es war mir peinlich, dass sie sich so anstellte, so unbeholfen war und die falschen Dinge sagte. Warum sah ich nicht, wie sie litt? Warum begriff ich nicht, dass sie sich einfach um Victor und mich sorgte?

Ich war ganz mit mir selbst beschäftigt. Was würde als Nächstes passieren? Ich kannte die Nazis gut, wusste, dass sie absoluten Gehorsam forderten. Ich hatte den Befehl gehört, den Wagen ohne Gepäck zu verlassen. Und da kommt meine Mutter und klammert sich an ihre wertlose Tasche.

„Beweg dich endlich!", zischte ich.

Im nächsten Augenblick wurde ich in eine Gruppe von Männern aus einem anderen Wagon gestoßen. Weitere kamen hinzu, alles Männer. Wir wurden zu einer Marschkolonne formiert, immer fünf nebeneinander.

Es war kompliziert. Wer nicht kapierte, wo sein Platz war, wurde grob in die Formation gestoßen. Ein SS-Offizier begann, uns nach rechts und links aufzuteilen. Die Reitpeitsche, mit der er auf uns wies, bewegte sich schnell hin und her. Meine Mutter und mein Bruder standen in einiger Entfernung in einer Gruppe, die hauptsächlich aus Älteren, Behinderten, Frauen und Kindern bestand. Lastwagen warteten, die Motoren im Leerlauf. Ich beobachtete, wie meine Mutter und mein Bruder einstiegen und dachte: Schön, dass sie nicht zu Fuß gehen müssen ...

Das war das Letzte, was ich von meiner Mutter sah ...
Das war das Letzte, was ich von meinem Bruder sah ...
„Beweg dich endlich!“, war das Letzte, was sie mich sagen hörten ...

Am klarsten sehe ich sie in meinen Träumen.
Entkleidet in der Gaskammer
(sie mussten sich vor allen anderen ausziehen!)
im Gedränge, außer sich vor Schrecken
(die Angst muss ihre Eingeweide gesprengt haben, es zieht meine zusammen.)

Menschen, die plötzlich fassen, dass so nicht geduscht wird
(das Herz hämmert und schreit – ich will raus!)
Bevor sie nachdenken können, steigt das Gas zur Decke,
verhindert die Sauerstoffaufnahme.
Die Menschenmasse drängt instinktiv zu den Türen
(dort kamen wir herein, dort kommen wir hinaus!)

Die Ersten, wahrscheinlich die Kinder,
fallen und werden in der Dunkelheit getreten.
Ihre Schädel platzen.
Die Ersten sind schon tot.

Ist mein Bruder unter ihnen?

Einige versuchen hinaufzuklettern, wo noch kein Gas ist.
Einige ziehen sich an den Wänden hoch,
brechen ihre Fingerspitzen.
Bei einigen sind die Arme genauso lang wie der Körper.
Sind sie aus den Schultergelenken gerissen worden?

Ich stehe hilflos da.

Alle sind tot. Meine Mutter und meinen Bruder gibt es nicht mehr.
Sie sind Teil einer Masse verschlungener Menschenglieder.
Eines von Schweiß, Urin, Kot und Blut stinkenden Leichenhaufens.

Ich stehe hilflos dabei, der einzige Lebende.
Lebe ich?

DIE SELEKTION

Ich stand vor dem SS-Arzt, der mit der Reitpeitsche in seiner Mörderhand über Leben und Tod bestimmte. Da stand der Tod in Person. Ich bin ihm nie näher gewesen. Das ahnte ich noch nicht. Ebenso wenig begriff ich, dass gerade eine „Selektion"

(Auslese auf Auschwitzdeutsch) stattfand. Jung und gesund stand ich bald unter kräftigen Männern. Was waren das nur für Lastwagen, die einer nach dem anderen mit Menschen voll gestopft von der Rampe abfuhren? Ich war noch Mensch, erlebte die Gnade der Unwissenheit.

Ein begabter Pianist, der mich oft begleitet hatte, stand während der Selektion einige Reihen vor mir. Tatouche war ein kleiner, schmächtiger Mann mit dicker Brille, pfiffig und sehr humorvoll. Bevor der SS-Mann bestimmen konnte, ob Tatouche direkt ins Gas ging oder noch eine Weile leben durfte, zeigte dieser mit einem schiefen Lächeln auf die Lastwagen, als hoffte er, nicht zu Fuß gehen zu müssen. Der SS-Arzt stutzte. Dann fragte er ironisch:

„Bankier?"

„Pianist", antwortete Tatouche.

Der Nazis sah amüsiert aus. Dann sagte er mit gespielter Höflichkeit: „Wer Klavier spielt, hat Glück bei den Frauen ..."

Damit spielte er auf einen Schlager an, der gerade sehr beliebt war. Mit einer einladenden Geste wies er auf die Lastwagen. Und so durfte Tatouche seine letzte Fahrt antreten.

Armer Tatouche, er wäre unter allen Umständen in der Gaskammer gelandet, schmächtig und kurzsichtig, wie er war. Alle Alten, Schwachen und Kranken teilten automatisch dieses Schicksal. Es gab Ausnahmen. Manchmal wurden Kinder für qualvolle „medizinische Experimente" ausgewählt. Anschließend spritzte man sie mit Phenol zu Tode, wenn sie nicht schon unter dem Skalpell des Arztes gestorben waren.

Arbeitsfähige nacht rechts, die Wertlosen nach links.

Aber der Wahnsinn dieser Selektionen war nicht konsequent. In die Gaskammer wurde auch geschickt, wer frech oder aufsässig aussah, allzu muskulös (ein Jude ist schwach!), zu schön (Juden sind hässlich!), blond (Juden haben schwarze Haare!) oder blauäugig (nur „Arier" haben blaue Augen!) war.

Wie könnte ich, und sollte ich tausend Jahre alt werden, diese Selektionen vergessen, dieses willkürliche Ja oder Nein zum Leben? Ich war ahnungslos, als ich mit den anderen Männern dort stand. Auch bei der zweiten Selektion wusste ich nicht, was geschah. Sie traf mich wie ein Blitz aus heiterem Himmel.

Diesmal kam eine Gruppe, die von einem Arzt geleitet wurde. Bald standen wir nackt vor dem, der Spreu vom Weizen trennen sollte. Ein Todesritual!

Die meisten Selektierten waren schon lebende Leichen. Woher kamen nur all diese gespenstischen Gestalten? Diese Kandidaten für die Gaskammer wurden in eine besondere Baracke gesperrt. Die ganze Nacht lang hörten wir ihr verzweifeltes Stöhnen und Schreien. Sie waren schon lange im Lager und wussten, was sie erwartete.

Von da an wusste auch ich Bescheid. Die folgenden Selektionen fühlte ich bis ins Knochenmark. Es war jedes Mal die Hölle, für die Todgeweihten wie für die noch einmal Davongekommenen.

Am Bahndamm stand ich zum ersten Mal vor dem SS-Offizier. Ich hielt mich gerade. Unsere Blicke trafen sich. Die Reitpeitsche wies nach rechts. So war ich einer der 232 Männer aus dem Transport 59 aus Frankreich, die im Laufschritt ins Lager liefen. Über dem Tor stand: „Arbeit macht frei".

DIE DUSCHE

Ich war von als Menschen verkleideten Gestalten umgeben, eine Art, der ich noch nie zuvor begegnet war. Sie blickten durch uns hindurch, als wären wir schon Gespenster. Sie wussten, dass es nur eine Frage der Zeit war, bis wir zu Asche würden. Ihre Befehle bellten sie im Naziton: „Los, los! Bewegt euch! Schneller!"

Wohlgenährt, in sauberen Häftlingskleidern, die lächerlichen Mützen schief auf dem Kopf, gingen sie mit federnden Schritten. Der Abstand zwischen ihren Anweisungen und den Stockschlägen, welche die Ausführung beschleunigten, war kurz.

Da standen wir, nackt. Ich habe mich nie wehrloser gefühlt, lernte aber schnell, den Schlägen, die auf uns niederhagelten, zu entgehen. Einige bluteten schon. Wir versuchten, uns zu schützen, rückten zusammen, stießen einander weg. Obwohl ich noch nicht wusste, was die Selektionen zu bedeuten hatten, hatte ich ein Gefühl, als wären wir irgendwie schon dem Tode geweiht. Es war, als atmete man Untergang und Vernichtung. Die Schatten derer, die vor uns da gewesen waren, schienen noch anwesend zu sein. Zugleich verloren wir in dem seltsamen Licht dieses Duschraums unsere Konturen. Gibt es einen Geruch, der geruchlos, eine Helligkeit, die lichtlos ist?

Nachdem man uns am ganzen Körper rasiert hatte, wurden wir brühend heiß abgeduscht. Nur gut, dass niemand kontrollierte, wie lange wir unter den brennenden Strahlen blieben. Es genügte jedoch, um für ewig zu spüren, was die Berührung mit fast kochendem Wasser bedeutet.

Im Lager wurde selten geduscht. Wenn es so weit war, dann konnte das Wasser brühend heiß, eiskalt oder normal temperiert sein. Es war immerhin Wasser und kein Gas! Handtücher und Seife gab es nicht. Unsere Kleider lagen auf einem Haufen, zusammen mit Kleidungsstücken von Menschen, die vor uns gekommen waren. Daneben stapelten sich Häftlingssachen, die abgetragen aussahen. Bevor ein Blauweißgestreifter mir eine Jacke und eine Hose zuwarf, schmierte mich ein anderer am ganzen Körper mit etwas Ätzendem ein. Es roch nach Desinfektionsmittel und brannte an allen rasierten Stellen und im Anus. Die Sachen, die man uns zuwarf, wurden aufs Geratewohl aus dem Stapel gezogen. Die Jacke konnte zu groß oder zu klein sein, die Hose zu lang oder zu kurz. Was machte es, wenn die Mütze über die Ohren rutschte? Ein paar Holzpantinen war unser grobes Schuhwerk.

Ich trocknete mich notdürftig an meinen Häftlingsklamotten ab. Es ist schwer zu sagen, wie lange das alles dauerte. Sich entkleiden, die Sachen auf einen Haufen werfen, in einer „geordneten“ Gruppe stehen. Den ersten Hieben entgehen, rasiert, verbrüht und mit Kreosot eingeschmiert zu werden. „Neue“ Kleider und „Schuhwerk“ fassen, wiederum antreten.

Das konnte schnell oder langsam gegangen sein. Für uns stand die Zeit still.

Es war, als wären wir durch eine unsichtbare Wand gegangen, hinüber in eine andere Welt, ein Totenreich. Auch dort herrschte eine Ordnung, alles vollzog sich nach einer teuflischen Logik.

Es war leicht und zugleich unendlich schwer zu sterben.

1 4 6 0 2 1

Wir schleppten uns dahin wie eine Schar Verdammter, die in den Gestalten und Gesichtern anderer ihre eigene Winzigkeit sahen. Wir kamen als Menschen und verwandelten uns erschreckend schnell in leere Hüllen, in verwirrte, ängstliche Geschöpfe. Ich stand in einem Raum mit Blauweißen und trug dieselbe Uniform. Eine Metamorphose hatte mich zu Ihresgleichen gemacht. Aber etwas Wichtiges trennte uns. Sie waren mit dem Lagerleben vertraut, kannten sich hier aus, hatten schon oft zwischen Leben und Tod gependelt. Für sie waren wir Novizen, kamen aus einer Welt, die sie längst hinter sich gelassen hatten.

Sie beneideten und verachteten uns gleichzeitig.

„Her mit dem Arm!"

Der harte Befehl kam in gebrochenem Deutsch. Ich streckte instinktiv den rechten Arm hin, aber der Auschwitzmensch wollte den linken haben. Er hatte eine lange Nadel, die in einem abgenutzten Holzgriff steckte – woran man sich so erinnern kann! – und tauchte die Spitze in eine Art Tinte. Dann tätowierte er eine Nummer auf meinen linken Oberarm. Es ging schnell, er war sehr geschickt.

Aus vielen kleinen Punkten wurde eine Nummer: 146021.

Falls es wehtat, war der Schmerz vergleichsweise erträglich. Ich glaube mich jedoch zu erinnern, dass der Arm einige Tage geschwollen war.

Mit dem Transport 59 vom 2. September 1943 aus Drancy kamen 992 Juden nach Auschwitz. 232 Männer und 106 Frauen wurden tätowiert und registriert. 654 Männer, Frauen und Kinder wurden nach der Ankunft sofort vergast. In Frankreich wusste man 1945 offiziell von dreizehn Überlebenden dieses Transports, darunter drei Frauen. Meine Mutter, Victor und ich standen auf der Liste der Toten und Vermissten, die das französische Kriegsministerium bekannt gab.

DIE MÜTZE

Die blauweiß gestreiften Mützen trugen wir nicht, um unsere kahlen Köpfe vor Sonne, Regen oder Kälte zu schützen, sondern hauptsächlich, um den SS-Männern, der „Krone der Schöpfung", unseren Respekt zu erweisen. „Mützen ab!", gehörte zum Ritual in allen Konzentrationslagern. Wenn man einem SS-Mann über den Weg lief, hatte man drei Meter vor ihm die Kopfbedeckung herunterzureißen und ihn starr anzublicken. Dasselbe galt, wenn man durch das Lagertor marschierte, um außerhalb des stromgeladenen doppelten Stacheldrahtzaunes zu arbeiten.

Der Arbeitstag, der zehn bis zwölf Stunden dauern konnte, begann mit einem Zählappell. In den Lagern Auschwitz I bis III, 40 Quadratkilometer groß, waren zeitweise bis zu 170 000 Häftlinge untergebracht. Alle, Lebende und Tote, zu zählen, konnte ein paar Stunden dauern. Auschwitz liegt in einem Sumpfgebiet mit strengen Wintern und schwülen Sommern. Ob Regen oder Frost, wir traten an, um gezählt zu werden. Keiner durfte fehlen. Viele waren erschöpft und setzten sich hin. Sofort hagelte es Schläge mit dem Knüppel, ausgeteilt von anderen Häftlingen, so genannten Kapos und Vorarbeitern, den „Hilfswilligen" der Nazis.

Was halfen die Schläge? Der Lebenswillen hatte die ausgemergelten Körper verlassen, sie waren noch nicht verbrannt, aber längst ausgebrannt. Nur wenige hatten noch die Kraft, sich gegen den stromgeladenen Zaun zu werfen, dem schnellsten Weg aus der Hölle.

„Hoch mit dir, du faules Schwein!", schrie der Kapo dem lebenden Skelett zu, dem Rest eines Menschen, der schon in einer anderen Welt weilte.

Dann prügelte er los. Der Geschlagene spürte den Schmerz nicht mehr. Er wurde ein letztes Mal gezählt und musste nie wieder seine Mütze abnehmen. Die Erniedrigung war für ihn zu Ende.

Solche lebenden Leichen wurden im Lagerjargon „Muselmanen" genannt. Sie wurden totgeschlagen oder starben an Erschöpfung. Mehr als einmal fühlte sich mein Bettgenosse kalt an. Wir schliefen zu acht in einem engen Verschlag – er war tot. Lebten die Muselmanen trotz allem weiter, erwartete sie die Gaskammer.

„Mützen ab!" bedeutete 170 000 Nummern zählen. Dann marschierten wir unter den Klängen des Lagerorchesters, in dem viele berühmte Musiker spielten, zum Tor hinaus. Nach derselben Prozedur rückten wir am Abend eines endlosen Tages wieder ein. Jedes Mal trugen wir ein paar Leichen mit uns, Erschossene oder Erschlagene. Die Sklavenarbeit war keine Garantie zum Weiterleben. Wenn alle gezählt waren, Lebende und Tote – manchmal verrechnete sich jemand, und alles begann von neuem – kam der Befehl: „Mützen auf!"

Alles folgte bizarren Anweisungen, die unser Häftlingsleben bis in Detail bestimmten, eine ständige Warnung, dass wir in den Händen der SS und der letzte Dreck auf Erden waren.

DIE HÄFTLINGSKLEIDUNG

Die blauweiß gestreiften KZ-Uniformen waren im Sommer zu warm und im Winter viel zu dünn. Leibriemen oder Hosenträger durften wir behalten. Ich besaß ein Paar schmale, sehr elegante Hosenträger, die ich in der Rue de Rivoli in Paris gekauft hatte. Ein Kapo zwang mich, sie gegen einen abgeschabten Ledergürtel zu tauschen. Mit den Hosenträgern verschwand der letzte Gegenstand, der mich an die andere Welt und die Freiheit erinnert hatte. Gewiss, wir hatten Besatzung und Verfolgung erlebt, aber alles ist relativ. Selbst das miese Durchgangslager Drancy war, verglichen mit Auschwitz, ein Paradies.

Einige Häftlinge trugen Kleider von Vergasten oder sonst wie Ermordeten. Die Jacken waren längs der Ärmel, die Hosen an der Außennaht mit gelber Ölfarbe bemalt. Auch Mützen wurden aus Zivilkleidern angefertigt. Die eintätowierte Häftlingsnummer fand sich auf kleinen Stoffschildern wieder, die wir auf Jacken und Hosen nähen mussten. Diese Nummern, überhaupt alle Kleidungsstücke, durfte man nicht verlieren, das wurde als Vorbereitung zur Flucht ausgelegt. Dafür drohte die Todesstrafe! Wenn jemand seine Mütze vermisste und dafür eine andere stahl, war der Bestohlene ein toter Mann. Unter der Stoffnummer saß ein farbiges Dreieck, das die Art des „Verbrechens“ angab. Die Häftlinge wurden in sechzehn Kategorien eingeteilt. Ich zähle nur die wichtigsten auf:

Deutsche nichtjüdische Häftlinge bildeten die Lagerelite. Sie gehörten nach dem „Blutsprinzip“, *jus sanguinis*, zur „Herrenrasse“. Es gab deutsche politische Häftlinge mit dem roten Dreieck, das waren Antifaschisten. Aber die meisten waren „Grüne Triangel“, also Berufsverbrecher und Schwerverbrecher. Die hatten uns in ihrer Gewalt und quälten uns auf abscheuliche Weise, ohne dafür belangt zu werden. Alle anderen trugen einen Buchstaben im Dreieck, „F“ für Franzose,

„P“ für Pole und so weiter. Mit der schwarzen Farbe wurden Asoziale, mit der braunen Zigeuner, mit Lila Bibelforscher und mit Rosa Homosexuelle gekennzeichnet. Juden, die in der KZ-Hierarchie ganz unten standen, trugen ein rotes und ein gelbes Dreieck, die so aufeinander genäht waren, dass sie einen Davidstern bildeten.

Auf den Juden durfte jeder herumtrampeln. Aber es gab auch Juden, die – schwer zu verstehen – zur „Lagerelite“ gehörten, Juden, die andere Juden peinigten und töteten. Im KZ-Inferno handelte man im Gegensatz zur normalen Welt ungeschminkt und krass.

Aber auch das Gute lebte weiter. Es gab Menschen, wie immer eine kleine Minderheit, die sich ihre Menschlichkeit nicht rauben ließen.

Unsere Kleider, wir hatten nur diese, trugen wir Tag und Nacht. Die zehn- bis zwölfstündigen Arbeitstage ließen sie schnell fadenscheinig werden. Natürlich rochen sie auch nach Schweiß und Urin. SS-Leute, die an uns vorübergingen, verzogen vor Ekel das Gesicht und verfluchten diese Judenschweine, die zu faul waren, sich zu waschen.

Das aber war nicht leicht. Es gab in allen Konzentrationslagern eine „Waschbaracke“, die oft zugleich als Latrine diente – in Birkenau mit fünfundzwanzig Löchern auf beiden Seiten. Toilettenpapier? Daran kann ich mich nicht erinnern. Wir stanken sicher nach Kot. Seife und Handtücher? Ebenfalls Fehlanzeige. Wenn ich mich einmal aufraffen konnte, in die Waschbaracke zu gehen, gab es garantiert nur kaltes, im Winter eiskaltes Wasser. Ich trocknete mich dann an meiner Jacke ab. Aber meistens war ich zu müde und ausgelaugt, sehnte mich nur noch nach Ruhe und schlief in meinen Klamotten.

Dass wir in dieser Baracke überhaupt schlafen konnten! Sie war voller Geräusche, Gerüche und Alpträume. Namen geliebter Menschen wurden geflüstert, schmerzende Eingeweide gebaren Hungerfantasien. Manch einer wachte in seiner Scheiße auf – Durchfall. Aber die Nachtstunden waren auch, mitten im Inferno, die Zeit der Gnade. Niemand schlug uns. Man konnte sich einbilden – im Traum kann man das – woanders aufzuwachen.

„Kleider machen Leute", sagt man. Die verhassten Lumpen trugen dazu bei, uns noch unmenschlicher zu machen. Es gab keine Spiegel, wir wussten nicht, wie wir aussahen. Aber ein Blick auf den Leidensgefährten genügte – er war mein Spiegelbild. Wir hatten Läuse, eine ständige Plage. Flecktyphusepidemien, die in regelmäßigen Abständen immer wiederkehrten, forderten viele Opfer. Aus diesem Grund gewährte man uns ab und zu einen „Hygienesonntag". Wir wurden geduscht und entlaust. Unsere Fetzen kamen dann mit den toten Läusen zurück, man brauchte sie nur abzuschütteln. Auch unsere Köpfe wurden nachrasiert.

Wir lernten bald zwischen Duschen und Vergasen zu unterscheiden. Die Prozedur zur Selektion war eine andere. Sie kam, wie die Gestapo, nur einmal.

Der „Hygienesonntag" verschaffte uns jedes Mal eine Atempause. Damit wir nicht übermütig wurden, dachte sich die SS eine besondere Schikane aus. An einem Ende des Lagers war ein großer Steinhaufen. Den mussten wir abtragen und am anderen Ende wieder aufschichten. So ging es hin und zurück, immer wieder. Wenigstens durften wir bei dieser „Freizeitgestaltung“ das Tempo selbst wählen. Niemand jagte uns, niemand schlug uns. Sogar ein Lächeln wäre erlaubt gewesen, hätte nur einer die Kraft dazu aufgebracht.

Die SS-Männer hatten ihre Quartiere ganz in unserer Nähe. Sie sorgten sich wegen der immer wieder auftretenden Epidemien um ihre Familien. Es waren schon Leute vom Wachpersonal angesteckt worden. Die SS wohnte in netten Häusern mit Blumen und gut gepflegtem Rasen, mit Frau und Kindern.

Deutsche Kinder in Auschwitz! Welche Tischgespräche hörten sie wohl mit an?

Gute Schuhe, man trennt sich ja ungern von bequemen Schuhen, konnten das Überleben bedeuten. Aber sie konnten einen auch in die Hölle bringen. Bei der Ankunft hatten einige das seltene Glück gehabt, ihre Schuhe behalten zu dürfen. Was aber machte man in Sommerschuhen, wenn es schneite? Wie sollte man auf abgewetzten Gummisohlen bei Glatteis vorankommen? Was tat der Träger von Halbschuhen, wenn er im Matsch stecken blieb? Schuhe nutzen sich, wenn nicht in Städten getragen, schnell ab. Polnische Juden zum Beispiel kamen oft in Reitstiefeln an. Da war es nur eine Frage der Zeit, bis ein Kapo sie für sich „organisierte“, falls der Besitzer sie nicht schon, vom Hunger geplagt, gegen etwas Essbares eingetauscht hatte.

Ich ging umgekehrt vor und sparte jeden Tag etwas von meiner Ration, um schließlich für ein größeres Stück Brot ein paar abgetragene Lederschuhe mit Gummisohle einzutauschen. Das ersparte mir viel Leid. Die meisten trugen Holzpantinen mit aufgenageltem Segeltuch oder Kunstleder. Das waren unelastische Foltergeräte, die bei jedem Schritt scheuerten und dem Fuß keinen Halt gaben. Man blieb mit einem schmatzenden Laut im Lehm stecken, im Winter pappte der Schnee am Holz fest. Die Scheuerwunden und Blasen wurden zu eitrigen Flächen, die brannten und schmerzten. Sie verheilten kaum, Verbände oder Pflaster gab es nicht. Wir hatten keine Strümpfe, lediglich Lappen, die wir um die Füße wickelten. Die Fußlappen klebten an den Wunden und waren mit Blut und Eiter getränkt. Die unablässigen Schmerzen in den Füßen wurden wie so vieles in Auschwitz zum „Normalzustand". Um zu überleben lernte man, damit zu leben. Wir waren wie Fakire, die auf Glut gehen konnten, ohne sie zu spüren.

Die alten, abgetragenen Schuhe mit Gummisohle, die ich gegen Brot eintauschte, ersparten mir nicht nur viel Leid, sie trugen vielleicht dazu bei, mein Leben zu retten.

DER HUNGER

Den Hunger wurden wir nie los, er wühlte Tag und Nacht in unseren Eingeweiden. Nie satt zu sein, sich immer nach Essen zu sehnen, gehörte zu unserem Alltag. Im September 1943 bekamen wir täglich zirka 250 Gramm Brot. Es war braunes Kastenbrot, mit Sauerteig gebacken. Dieses Brot war das Himmelreich. Einige aßen es sofort auf, andere teilten es sich ein, was gefährlich war – Brotdiebe lauerten!

Anfangs aß ich meine Ration langsam, kaute jeden Bissen lange, bis ich ihn widerwillig in den Magen hinunterschickte. Nach und nach gewann der Hunger die Oberhand. Ich verschlang das Brot gierig wie ein halbwilder Hund, der sein Fressen schützt.

Bald war mir nicht mehr bewusst, dass ich mich von einem Menschen in ein Tier verwandelte. Wenn wir viel Glück hatten, bekamen wir noch einen Klecks Margarine und einen Löffel künstlich gesüßte Rübenmarmelade. Manchmal sogar eine dünne Scheibe Käse oder Wurst. Was die Wurst enthalten mochte, darüber dachten wir lieber nicht nach. Der ungezuckerte Kaffeeersatz war besonders im Winter geschätzt und wärmte kurz durch.

Das Trinkwasser in Auschwitz war ungenießbar. Wir hatten aber kein anderes und abkochen konnten wir es auch nicht. Durchfallerkrankungen und Ruhr waren die Folge. Eine Suppe gehörte auch zur Tagesration. Sie bestand meistens aus ungeschälten gekochten Kartoffeln, Trockengemüse und einem säuerlichen Dickungsmittel. Ab und zu schwammen Fleisch- oder Fischfetzen darin. Es soll auch ein triebhemmendes Mittel in der Suppe gewesen sein. Geschlechtstrieb war jedoch das Letzte, woran wir litten. Juden aus Griechenland und Italien hatten bei ihrer Ankunft oft getrocknete Feigen, Rosinen, Oliven und Weißbrot dabei. Diese Köstlichkeiten nahm man ihnen natürlich sofort ab. Das meiste verteilte die SS an die Lagerhierarchie. Wenn dann noch etwas übrig blieb, landete es in der Suppe. Leichenschmaus.

Stets versuchten wir, unsere magere Kost zu ergänzen. Wir sammelten Löwenzahnblätter und stürzten uns auf jede Rübe oder Möhre, die von einem Lkw herunterfiel. Manchmal ergatterten wir sogar – Höhepunkt der Seligkeit – einen ganzen Kohlkopf! Diese Leckerbissen aufzuklauben war streng verboten und konnte eine schwere Prügelstrafe nach sich ziehen. Dieses Verbot war begründet. Unsere armen Mägen vertrugen die Rohkost nicht.

„Ihr führt euch wie die Schweine auf!", brüllten die SS-Leute, wenn wir uns erbrachen.

Die Monate vergingen wie das Kriegsglück der Nazis. Wie das Dritte Reich wurden auch unsere Brotrationen immer kleiner. Ein Viertel Brotlaib wurde 1944 zu einem Fünftel, um in den letzten Kriegsmonaten 1945 auf ein Zwölftel zu schrumpfen. Fünfundachtzig Gramm.

Da waren wir schon mehr oder weniger lebende Skelette. Jeden Morgen erwachten wir von Leichen umgeben. Man zwang uns, die Goldzähne toter Kameraden herauszubrechen, bevor sie in der Grube landeten. Die Massengräber hatten wir vorher ausgehoben, eine ungeheure Kraftanstrengung für unsere ausgelaugten Körper. Alle Schläge, die auf uns niederhagelten, halfen wenig, unsere zeitlupenhaften Bewegungen zu beschleunigen. Das Resultat war meistens, dass einige aus dem Leichenkommando selbst in der Grube landeten.

Leichenkommando bedeutete auch Leichenplünderung. Konnte man irgendetwas Verwertbares ergattern, Schuhe, Holzpantinen, Hosenträger oder anderes, was man gegen Essbares eintauschen konnte, war der Kamerad nicht umsonst gestorben.

Landsberg am Lech, genannt Dachau XI, war das letzte Lager, in das ich kam. Die Brotration war nicht nur kleiner als in Auschwitz, auch die Qualität verschlechterte sich. Nach einem unerträglich langen Arbeitstag standen wir in unserer „Baracke", einem großen, überdachten Graben, und warteten auf den Kapo, der unser Brot verteilen sollte. Dieser wohlgenährte und sauber gekleidete Mann führte seine Funktion respekteinflößend schnell aus. In seinem unbedeutenden Revier bestimmte er über Leben und Tod. Hatte man das seltene Glück, einmal nicht geschlagen zu werden, war man den schießwütigen Posten und ihren bissigen Schäferhunden entkommen, dann befand man sich endlich – endlich! – im relativen Schutz der „Baracke". Man hätte aufatmen können, wäre da nicht noch die letzte Plage, der Kapo, gewesen. Der konnte das bisschen Leben, das man noch besaß, in eine Hölle verwandeln. Er hatte Privilegien: mehr Essen, bessere Kleidung sowie einen eigenen, mit einer Decke abgetrennten Platz, wo er allein sein und schlafen konnte.

Wir wählten einen Kameraden, der den Brotlaib in zwölf Scheiben teilen sollte – zwölf Rationen! Wir hatten kein Messer, aber mit einem Löffelstiel und chirurgischer Gewandtheit ging es auch. Hungrige und misstrauische Blicke verfolgten die Prozedur. Jeder Krumen war wichtig, nichts durfte verloren gehen. Oft war der Brotlaib schimmelig. Dann lag Lynchstimmung in der Luft. Seine 80-Grammscheibe in Schimmelrauch aufgehen zu sehen, war mehr als wir Hungerkünstler aushalten konnten. Unser „Brotchirurg" hatte alle gegen sich. Der Kapo, an den wir uns wandten, winkte nur ab, er habe das Brot schließlich nicht gebacken, sondern nur verteilt. Sein eigener Brotlaib – er bekam einen ganzen – war makellos. Wurde es zu unruhig, teilte er einige leichte Stockschläge auf die Köpfe der Lautesten aus. Die schmerzenden Schläge und blutigen Wunden verstärkten nur die Verzweiflung, ohne Brot zu sein.

WEITERLEBEN

Der Lebenswille mobilisierte meine letzten Kräfte, alle Selbsterhaltungsreserven, die mein Körper noch besaß. Der Lebenswille schien auch eine gewisse Unempfindlichkeit zu schaffen. Wenn es regnete, war ich wie imprägniert, wenn ich fror, schrumpfte ich, um die Wärme der lächerlich wenigen Kalorien zu bewahren. Der Magen und die übrigen Organe passten sich der chronischen Unterversorgung bei zehn bis zwölf Arbeitsstunden an. Wurde der Stoffwechsel langsamer?

Auch dass mein Schlaf unablässig gestört wurde, konnte mich nicht fertig machen. Ich schlief mit sieben unruhigen

„Bettgenossen“ in einem Verschlag, immer gefasst auf ihr angstvolles Hochschrecken, ihr Stöhnen, ihre Alpträume und Hungerhalluzinationen. Wachsamkeit wurde mir zur zweiten Natur. Nicht geschlagen, nicht erschlagen zu werden, ein ständiger Stress, Tag und Nacht. Es ging darum, sich jeder Situation schnell anzupassen. Es war wie ein „strategischer Rückzug“ auf immer kleiner werdende Flächen, die eine Verteidigung zuließen, um den Tod zu täuschen. Irgendwo in meinem Inneren spukte auch die Weissagung jenes Graphologen aus Zürich, dass ich achtundvierzig Jahre alt werden würde.

Auschwitz war wie ein ständiger Tanz auf einem Hochseil, ohne Sicherheitsnetz. Ich habe Höhen immer gehasst, war nie schwindelfrei. Doch hier wollte ich weiterleben, hier war ich gezwungen, ohne nachzudenken Zoll für Zoll auf dem Seil weiter zu rutschen.

LANDSBERG AM LECH

Das Konzentrationslager XI in Landsberg am Lech gehörte zum berüchtigten Hauptlager Dachau. Etwa eintausend Arbeitskräfte aus Auschwitz wurden im Sommer 1944 nach Bayern verlegt.

Sommer 1944? Genauer kann ich mich nicht erinnern. Ich hatte die Kontrolle über die Zeit längst verloren. Warum sollte ich die Tage zählen? Welche Rolle spielte es, welche Woche, welchen Monat wir hatten?

Erst kamen wir für kurze Zeit nach Dachau und dann nach Landsberg am Lech. Dort war man damit beschäftigt, in rasendem Tempo eine unterirdische Fabrik zu bauen. Es hieß, eine Wunderwaffe solle produziert werden, die eine Wende in dem verzweifelt verlängerten Krieg herbeiführen werde, den die Nazis in Wirklichkeit bereits verloren hatten und der mehr und mehr Menschenleben kostete.

In Auschwitz waren wir vollkommen ahnungslos gewesen, was den Verlauf des Krieges anging. Natürlich hatte es für uns keine Zeitung, kein Radio gegeben. Gerüchte kursierten, aber sie waren meistens ohne Substanz. Die Tage verflossen und das Endziel bestand darin, uns alle mit dem ekligen Rauch zu vereinen, der Tag und Nacht über der Gegend hing. Mit dem fetten Menschenrauch, von dem Nelly Sachs[30)] singt:

„O die Schornsteine
Auf den sinnreich erdachten Wohnungen des Todes,
Als Israels Leib zog aufgelöst in Rauch
Durch die Luft –"

APRIL 1945

Wir konnten mit bloßem Auge sehen, dass sich das Ende des Krieges abzeichnete. Der Himmel war voll von amerikanischen und britischen Flugzeugen. Die Nazis hatten weder genügend Flak noch Jagdflugzeuge. Das weckte Hoffnungen, Gefühle, die es schon lange nicht mehr gegeben hatte. Würden sie uns leben lassen? Würde ich körperlich und geistig durchhalten? Bayern war schon von den Alliierten umzingelt. Das wussten wir nicht, doch wir bemerkten die Flugzeuge ohne Balken- oder Hakenkreuz, die im Tiefflug über uns hinwegrasten. Die Alarmsirenen heulten in immer kürzeren Abständen und verschafften uns wichtige Ruhepausen, da auch unsere Bewacher in den Schutzraum mussten.

Es gab auch andere Anzeichen, dass dieser lange Krieg ein Ende nahm. Die Brotration wurde auf ein Minimum reduziert, ein böses Omen. Aber man merkte es besonders an den SS-Leuten. Die Söhne der Totenkopfdivisionen hatten ausschließlich KZs und Vernichtungslager zu bewachen. Während Millionen andere Deutsche an allen Fronten Hitlers Krieg auskämpften, saß diese SS weit von allem, was Schlachtfeld hieß. Ihr Einsatz bestand darin, wehrlose und unschuldige Menschen zu quälen und zu ermorden.

Würde die SS uns leben lassen? Vielleicht aus Eigennutz: Sie hoffte vielleicht auf Strafmilderung, wenn sie uns als Befreite und Überlebende vorzeigen konnte.

Wie konnten wir überhaupt auf die Idee kommen, man könnte uns am Leben lassen?

Etwas ließ uns hoffen. In der Endphase des Krieges stieß die Rote Armee wie eine Dampfwalze vor. Nun wurde auch die Totenkopf-SS an der Front gebraucht. Unsere Bewacher wurden durch ältere und auch junge Männer ersetzt, die bisher als untauglich galten. Würden diese zusammengescharten SS-Amateure uns in der letzten Stunde etwas menschlicher behandeln?

Leider änderte sich nichts.

In den verhassten Uniformen steckten Deutsche aus demselben Schrot und Korn. Sie reagierten ihre Enttäuschung über die hoffnungslose Kriegslage an uns ab. Wir waren die Einzigen, die sie ungestraft besiegen konnten.

Der Bau der unterirdischen Fabrik hatte höchsten Vorrang. Wir arbeiteten in drei Schichten. Eines Nachts sollten drei andere Häftlinge und ich in einem nahen Wald Holz sammeln. Das Gelände war stark beleuchtet. Unser Posten, ein junger, schwarzhaariger Mann, hielt die Hände in den Hosentaschen. Warum war er nicht an der Front? Was war das für ein Typ? Bei unseren SS-Bewachern achteten wir auf jedes Detail. In Auschwitz war es öfter vorgekommen, dass ein SS-Mann einen Knüppel wegwarf, der außerhalb der Postenkette landete. Dann wurde einem Häftling befohlen, den Knüppel zu holen. Damit war ein Grund geschaffen, ihn kaltblütig niederzuschießen. Im Bericht hieß es dann: „Auf der Flucht erschossen". Das konnte einige Tage „Fronturlaub" einbringen. Verweigerte der Häftling den Befehl, setzte es fünfundzwanzig Hiebe mit dem Schlagstock. Das überlebte kaum einer. Die erfahrenen Häftlinge mieden die Postenkette. Neuankömmlinge mussten das erst lernen und tappten oft in die Falle. Aber bei diesem jungen Posten hatte ich das Gefühl, dass er nichts Schlimmes im Sinn führte. Er brüllte nicht herum, schien eher verlegen. Mit ruhiger und kultivierter Stimme sagte er, was wir zu tun hätten. Wie schön Deutsch sein konnte, wenn es kein Henkersdeutsch war! In meiner Gruppe waren vor allem Franzosen und Russen. Ich übersetzte für meine Kameraden. Nach einer Weile winkte mich der SS-Mann heran. Das weckte sofort Misstrauen.

Ich näherte mich vorsichtig, riss die Mütze herunter und nahm Haltung an. So war es vorgeschrieben. Der jedenfalls äußerlich friedliche Hüne war Bayer, das hörte ich an seiner Aussprache. Er wollte wissen, warum ich so gut Deutsch sprach. Ich antwortete mit vor Aufregung zittriger Stimme, dass ich in Berlin geboren sei, zuletzt aber in Frankreich gelebt hätte. Mehr brachte ich nicht heraus.

Wir durften doch nicht mit SS-Leuten sprechen und auch ihnen war es verboten. Er fragte mich auch, wo ich das nächste Mal arbeiten werde, was ich nicht wusste. Bevor ich zu meinen Kameraden zurückgehen durfte, gab er mir einige Butterbrote und ein dickes Stück Wurst, wahrscheinlich ein Teil seiner eigenen Ration.

Ich freute mich, mit einem Schrecken davongekommen zu sein, doch am meisten natürlich über die zusätzliche Verpflegung. Schnell würgte ich alles hinunter. Weder meine Kameraden noch die Posten am Lagertor durften etwas merken. Jeder Bissen bedeutete Leben! Ich dachte tagelang über die Begegnung nach und hielt immer wieder nach dem Bayern Ausschau.

Ich glaube, es war eine Woche später, nachts, wiederum beim Holzsammeln, als ich ihn wiedersah. Doch diesmal schien er abwesend und unruhig. Er schaute zwar mehrmals in meine Richtung, machte aber keine Anstalten, mit mir zu sprechen. Schließlich rief er mich doch heran, schaute sich misstrauisch um und sagte mit leiser Stimme:

„Nicht alle Deutschen sind Nazis. Es gibt Menschen, die ihren Glauben an Gott nicht verloren haben, die das Dritte Reich hassen, die ihre moralische Verantwortung fühlen." Ich müsse ihm glauben, obgleich das sicher schwer für mich sei. Vorsichtig und so neutral wie möglich antwortete ich, dass es auch nichtjüdische deutsche Häftlinge im Lager gebe, einige hätten sogar zwölf Jahre KZ hinter sich.

Er hörte mir kaum zu, wurde immer nervöser. Fast flüsternd erkundigte er sich dann, ob ich etwas über Scholl-Huber, über die Weiße Rose[31)] gehört habe. Ohne eine Antwort abzuwarten, fuhr er fort:

„Der Krieg nähert sich seinem Ende. Nur die verbissensten Nazis glauben noch an die Wende. Gott hat, um die Menschen zu prüfen, das Böse zugelassen. Diese Prüfungszeit nähert sich nun ihrem Ende. Ich will dir helfen zu fliehen."

Ich war sprachlos, verwirrt. Da stand ein Deutscher in SS-Uniform und bot mir eine Chance zu überleben. Er schien es sogar ernst zu meinen ...

Hoffung und Aufregung kreisten in meinem Kopf. Wie sollte ich, ein ausgemergelter Häftling mit kahl rasiertem Schädel und einer Nummer auf dem Arm durch das von Kriegspsychosen und Hass gepeitschte Deutschland geschleust werden? Undenkbar!

Aber welche andere Möglichkeit hatte ich zu entkommen? Die Entscheidung lag jetzt in meiner Hand.

Bevor ich meinem „Schutzengel" antworten konnte, ging das grelle Licht im Lager und an allen Arbeitsplätzen aus. Das bedeutete Fliegeralarm. Wir hatten uns umgehend in die noch im Bau befindliche unterirdische Montagehalle zu begeben. Nicht weil man uns schützen wollte, sondern weil man uns dort besser bewachen konnte. Der Alarm kam meistens einige Minuten nach der Verdunkelung und konnte Stunden dauern. Wir hörten eine Bomberwelle nach der anderen vorbeibrummen, doch sie zeigten kein Interesse an unserer Baustelle. Am Tag darauf gab es keine Außenkommandos mehr. Die Alliierten näherten sich schnell. Den langen Bayern sah ich nie wieder. Trotz intensiver Nachforschungen sollte ich nie erfahren, wer er war und was aus ihm wurde.

Ob er es ernst meinte oder nicht, spielt keine Rolle. Er hat mir auf seine Art ein wenig vom Glauben an den Menschen wiedergegeben.

DIE BEFREIUNG

Wir waren auf dem Weg ins Nichts. Die SS hatte die Lager geleert und uns auf die Straße getrieben. Wussten sie nicht, wo die Alliierten standen? Was hatte diese Evakuierung noch für einen Sinn?

Die SS-Leute schienen verwirrt. Was sollten sie mit all diesen Gefangenen in ihrem kläglichen Zustand machen? Sie könnten als Lebende wie als Tote von den Verbrechen zeugen, die man ihnen angetan hatte.

Aber Leichen reden nicht ...

Willkür herrschte, Befehle wurden nach Gutdünken ausgeführt. In einigen Lagern ließ man die nicht transportfähigen Häftlinge in Ruhe, in anderen wurden alle, die man nicht wegtreiben konnte, erschossen. Wir waren eine hohläugige, zerlumpte Schar. Unser Anblick rührte sogar einige deutsche Zivilisten zu Tränen. Oder weinten sie wegen der bevorstehenden Niederlage und der zu befürchtenden Bestrafung? Die SS-Bewacher passten sich unserem schleppenden Tempo an, einige hielten sich am Ende der Kolonne auf und erschossen Nachzügler. Zurückbleiben wurde als Fluchtversuch gewertet und entsprechend bestraft.

Viele erlebten die Befreiung nicht mehr.

In einer Phase des Marsches stieß plötzlich ein alliiertes Flugzeug auf uns herab und flog so dicht über uns hinweg, dass wir die Lederhaube des Piloten erkennen konnten.

Hielt er uns für Soldaten? Würde er uns beschießen?

Aber wo waren denn unsere Bewacher? Sie suchten schamlos in unserer Mitte Schutz und verschmolzen mit der Häftlingsschar. Wir wurden ihre Retter ...

Ein leichter Sprühregen fiel. Wir übernachteten meistens auf Wiesen, bewacht von einer Postenkette. Eine dünne Scheibe Brot und Kaffeeersatz waren unsere ganze Tagesration. In einer Nacht, es muss der 28. April gewesen sein, rasteten wir in einem kleinen Steinbruch, leicht zu bewachen. Die halbe Wachmannschaft verschwand in ihrem Lkw. Ich stand gegen eine Felswand gelehnt. Gern hätte ich mich auf den lehmigen Boden gelegt, doch ich fühlte, dass ich nicht die Kraft haben würde, mich wieder aufzurichten. Ich halluzinierte, sah Zirkuspferde. Es roch so gut in den warmen Ställen! Pferde können stehend schlafen, ich konnte nicht einmal richtig stehen. Regentropfen rannen über meinen Kopf und den Nacken hinunter.

Wozu leben und leiden?

Würde es wieder ein Leben ohne Nazis, ohne Verfolgung geben? Ohne Hunger, Kälte, Flucht? Durfte ich wieder Teil eines Ganzen sein, Mensch unter Menschen, lieben und geliebt werden?

Am nächsten Morgen zogen wir weiter. Würde das nie ein Ende nehmen? Ich schleppte mich wie in Trance vorwärts, sah nichts, spürte nichts. Dann, nie wieder sollte ich das so erleben, wärmte mich plötzlich die Sonne. Wir dampften, die Erde dampfte, ich konnte wieder sehen. Sah die gekräuselte blaue Fläche eines großen Sees mit weißen Alpengipfeln im Hintergrund, sah die feuchten Tannen, atmete ihren Duft.

Ich war hingerissen – wie schön die Erde doch ist!

„Los, los, bewegt euch!“, kam es monoton von den Totenköpfen. Finsternis überschattete das Idyll, alles wurde wieder zum Inferno. Viele Jahre nach der Befreiung erfuhr ich, dass unser trostloser Zug einen deutschen Komponisten zu einem Opus über unsere via dolorosa inspiriert hatte: Karl Amadeus Hartmann.

Am 30. April waren die meisten KZs schon befreit, doch wir übernachteten wieder auf einer Wiese. Viele meiner Leidensgefährten waren schon tot, einige lagen im Sterben. Nun hieß es, alle mentalen Kräfte zu mobilisieren, um noch einige Stunden, einige Tage durchzuhalten. Viele sahen die Befreiung schon vor sich und wurden getäuscht. Sie glaubten, nicht mehr kämpfen zu müssen und gaben buchstäblich ihren Geist auf. Wir waren noch siebzig auf dieser Wiese. Als die Stunde der Befreiung kam, waren nur noch dreißig am Leben.

DER 1. MAI 1945

Am 1. Mai wachten wir ohne Bewacher auf. Kein einziger SS-Mann war mehr da. Was war geschehen? Würden sie noch einmal zurückkommen, oder hatten sie sich längst ihrer stolzen und jetzt so belastenden Uniformen entledigt? Misstrauisch schauten wir uns um. Wir wagten nicht, die Wiese zu verlassen. In unserem Zustand wären wir ohnehin nicht weit gekommen.

Die Wiese wurde zur letzten Etappe unseres Häftlingsdaseins. Nach endlosen Stunden der Ungewissheit tauchte ein Jeep mit GI's auf, eine kleine amerikanische Vorhut, die nur „Hi-hi“ rief und winkend wieder verschwand. Dann folgte eine motorisierte Kolonne mit einer großen Anzahl Krankenwagen. Zu essen gab es nichts. Wir begriffen später, dass es in unserem Interesse war. Viele Befreite haben sich durch das ungewohnt reichliche und viel zu schnell hinuntergeschlungene Essen den Tod geholt. Bevor wir in ein Feldlazarett transportiert wurden, sagte ein Militärgeistlicher mit einem Kreuz auf dem Helm einige wohlgemeinte Worte über Gott und den Frieden. Nur wenige verstanden Englisch, fast niemand den Sinn.

In genau zwei Monaten würde ich neunzehn werden. Ich war befreit worden, lebte – und lebte doch nicht. Ich fühlte keine Freude, nicht einmal Erleichterung.

In Auschwitz war ich ein Stein unter Steinen gewesen.

Meine Tränen waren seit langem versiegt.

Auschwitz wurde mein Schatten.

EIN TEENAGER MIT ALTEN AUGEN

Woher wusste das medizinische Personal des Feldlazaretts so genau, was wir vertrugen? Waren ihnen bereits Fälle bekannt, wo sich Halbverhungerte zu Tode gegessen hatten? Einige brachten überhaupt keine Nahrung mehr hinunter und hingen am Tropf. Ich aß genussvoll den mit Vitaminen angereicherten Brei und wollte einen Nachschlag, aber da hieß es: „Stopp!“ Unsere Körper mussten sich erst wieder an das Essen gewöhnen. Wir wurden geduscht, viele hilfsbereite Hände seiften uns ein, trockneten uns ab. Wir bekamen Unterwäsche, saubere Unterwäsche! Dann lag ich ganz ruhig und sank in den Schlaf, allein in einem Bett, zwischen weißen Laken.

In dem amerikanischen Lazarett, das mir wie das Paradies vorkam, versuchte ich, meine Gedanken zu ordnen. Ein Teil des Verdrängten, zum Überleben Eingefrorenen kam an die Oberfläche und taute auf. Endlich konnte ich an meine Mutter und meinen kleinen Bruder Victor denken. Die übergroße Sehnsucht und die Gewissheit, dass sie nicht mehr lebten, zerrissen mir fast das Herz.

Und mein Vater? Über ihn wusste ich nichts. Ich konnte mir nicht vorstellen, dass er noch am Leben war. Ich fühlte mich einsam, so einsam wie im KZ. Eine der Krankenschwestern meinte, ich sei ein Teenager mit alten Augen.

Warum habe ich Mama und Victor überlebt? Was war der Sinn? Ich wurde diese nagende Frage, auf die es keine Antwort gab, nicht los. Noch immer war ich geschwächt, aber ich konnte schon aufstehen und kürzere Strecken laufen. Die Vergangenheit lag wie eine Schicht Asche über allem, ich konnte nicht wahrnehmen, wie schön die Welt doch war. Dafür wusste ich aus schmerzvoller Erfahrung, wie grausam Menschen sein können. Auch unter den „Amis" gab es Antisemiten. Meistens waren es dieselben, die mit Verachtung von den Schwarzen sprachen, die in der U.S. Army alle Drecksarbeiten zu machen hatten.

Es kann im August oder September 1945 gewesen sein, da verließ ich mit gemischten Gefühlen das Lazarett. Eine Rastlosigkeit trieb mich dazu, obwohl ich noch nicht ganz erholt war. Ich trug eine amerikanische Uniform ohne Rangabzeichen, in meiner Tasche steckten eine Hand voll Dollar und eine Art Ausweisdokument.

Wo sollte ich hin? Nach Frankreich, das nicht meine Heimat war und keine guten Erinnerungen weckte? Oder in die Tschechoslowakei, wo ich sechs glückliche Jahre meines Lebens verbracht hatte?

Wieder fühlte ich, dass ich Weltbürger und der ganze Globus meine Heimat war. Ich blieb erst einmal in Bayern und gab ein kürzeres „Gastspiel“ in der amerikanischen Armee.

Im Feldlazarett hatte mir ein jüdischer Arzt, Major Shapiro, von einer Spezialeinheit erzählt, die mutmaßliche Kriegsverbrecher aufspürte und verhörte. Shapiro hatte gemeint, ich könne mit meinen Erfahrungen und Sprachkenntnissen einen wichtigen Beitrag dazu leisten. Er sei mit Captain Sutton bekannt, der in Leoni am Starnberger See eine Einheit des Counter Intelligence Corps (CIC, die amerikanische Gegenspionage, später CIA) leitete. Wäre ich daran interessiert?

Eigentlich nicht, ich hatte genug von den Nazis. Doch mir fiel nichts Besseres ein, also begab ich mich nach Leoni. Captain Sutton freute sich, genau solche wie mich brauchte er. Ich konnte sofort beginnen. Meine Aufgabe bestand darin, gefangen genommene SS-Leute zu befragen und zu entscheiden, ob sie etwas verschwiegen oder ihre Rolle verharmlosten. Das war nicht leicht zu beurteilen. Andererseits handelte es sich lediglich um eine Voruntersuchung. Wenn man sie später vor Gericht stellte, würden Häftlinge und ehemalige SS-Kameraden als Zeugen auftreten. Charakteristisch für diese ehemaligen KZ-Bewacher und die folgenden Prozesse war, dass die Massenmorde und Gaskammern nicht geleugnet wurden. Allerdings wollte keiner der Täter gewesen sein.

Und die Zeugen?

Die meisten Befreiten waren glücklich, Deutschland verlassen zu können und verschwanden in ihre Heimatländer. Als Zeuge in einem Prozess aufzutreten, war eine große psychische Belastung.

Die meisten Kriegsverbrecher entzogen sich der Justiz. Man wusste, wer sie waren, doch ihre „Volksgenossen" deckten sie. Es war die Zeit des großen Schweigens. Zehn Jahre dauerte es, bis der Frankfurter Auschwitzprozess stattfinden konnte.

Das war 1963. Da waren die meisten Kriegsverbrecher längst über alle Berge. Einer der Angeklagten in Frankfurt am Main 1963 war Doktor Viktor Capesius. Er hatte Tausende Juden „selektiert" und in die Gaskammern geschickt. Man verurteilte ihn zu neun Jahren Zuchthaus. Nach seiner Freilassung war er als Apotheker tätig. Viele SS-Leute wurden „mangels ausreichender Beweise" (die Opfer waren ja tot) freigesprochen und erhielten von der Bundesrepublik Deutschland hohe Pensionen.

Ich beobachtete diese „Herrenmenschen" während der Verhöre. Sie wanden sich und zeigten im Augenblick der Wahrheit ihre ganze Erbärmlichkeit. Gerade erst hatten sie versucht, das „Unreine" und „Verfaulte" auszurotten. Und nun? Ich hasste diese Nazis nicht, ich habe sie nicht einmal im KZ gehasst. Ich war nur immer wieder schockiert, dass Menschen sich so verhalten konnten. Sie hatten Kinder vergast und anschließend mit ihren eigenen Kindern gespielt.

Ein normaler Mensch wird sie nie verstehen können.

Vielleicht haben wir ja alle Himmel und Hölle in uns. Diese Menschen ließen sich vom Bösen besiegen. Ohne ihre aktive Mitwirkung, ohne ihren „ehernen Gehorsam" und ohne das bewusste Schweigen des Großteils der Deutschen hätte das System der Richter und Henker keine solche Verbreitung gefunden.

BORIS NACH DER BEFREIUNG

Natürlich wollte ich auch wissen, was aus meinem Vater geworden war. Seine Chancen, den deutschen und französischen Nazis zu entkommen, waren gering gewesen. Insofern konnte ich davon ausgehen, dass er wie wir über Drancy nach Auschwitz geschickt worden war. Im Frühjahr 1946 stieß ich in München, wo das CIC sein Hauptquartier hatte, auf ein paar französische Artisten, mit denen ich in mehreren Varietés aufgetreten war. Nun unterhielten sie die Amis. Sie erkannten mich sofort und bestürmten mich: „Was machst du hier in München, in amerikanischer Uniform? Warum bist du nicht in Paris? Hast du dich mit Bernardo überworfen?"

Ich begriff – mein Vater war am Leben, in Paris!

Meine ehemaligen Kollegen erklärten, ihre Tournee sei bald zu Ende, sie würden mich gern in ihren Wagen nach Paris mitnehmen. Ich kündigte beim CIC.

In Paris begab ich mich unverzüglich zum Place Pigalle. Das *Café Pigalle* fungierte als eine Art Künstler- und Artistenbörse. Dort wusste man sicher, wo Bernardo steckte. Bald hatte ich seine Adresse. Er wohnte in einem verlotterten Hotel in Montmartre. Stockbetrunken, die Schuhe noch an den Füßen, lag er auf dem Bett. Ein ekelhafter Fusel- und Tabakgestank schlug mir entgegen. Überall lagen Flaschen herum. Ich rief *la patronne*, gemeinsam räumten wir auf. Sie erzählte mir, dass Bernardo um seine Frau und seine Kinder trauere und deshalb Trost im Alkohol suche. Am nächsten Tag war er so nüchtern, mich zu erkennen und das Unfassbare zu begreifen!

Mein Name war durch einen Irrtum auf die Liste *morts et disparus* (Tote und Vermisste) des französischen Kriegsministeriums geraten. Und ich hatte wieder einen Vater! Wir hatten uns viel zu erzählen. Immer wieder fragte er, ob ich mit hundertprozentiger Sicherheit wüsste, dass Mama und Victor tot seien. Ich beschrieb ihm den Alltag von Auschwitz und bekannte, dass ich mir keine Hoffnungen machte.

Aber was hatte er erlebt? Wie war es ihm an jenem 18. August 1943 ergangen, als man uns, Mama, Victor und mich, in die Auschwitzschleuse Drancy gebracht hatte?

Mein Vater war schon Tags zuvor von der französischen Gestapo verhaftet worden. Im Verhör leugnete er jede Zusammenarbeit mit der Résistance. Immer wieder beteuerte er, wir würden doch für das deutsche Fronttheater arbeiten und hätten seit langem von deutschen wie auch französischen Stellen beglaubigte Ausweise.

Die Gestapofranzosen grinsten ihn nur höhnisch an.

In einem Gefangenenwagen, der in kleine Zellen unterteilt war und im Volksmund *Panier à salade* (Salatkorb) genannt wurde, transportierte man ihn zusammen mit anderen in das berüchtigte Gefängnis Fresnes. Der Wärter seines Zellentrakts im Wagen gehörte zur Résistance. Er öffnete die Stehzelle meines Vaters und flüsterte: „Wir türmen!“ Als der Wagen in einer Kurve die Fahrt verlangsamte, öffnete er die Tür, und sie sprangen gemeinsam ab. Kameraden der Résistance versteckten die beiden Männer. Bald waren sie zu dritt, ein Österreicher, der von der Wehrmacht desertiert war, kam dazu.

Das Trio führte in den folgenden Monaten, in Feldgrau gekleidet, Sprengattentate auf deutsche Militärobjekte aus. Anschließend kämpfte Boris mit den kommunistischen Partisanen (FTPF) in den südfranzösischen Gebirgen Lozère und Vercors.

Vergebens versuchten Waffen-SS und französische Nazimiliz, die Partisanen zu besiegen. Viele Widerstandskämpfer fielen, andere wurden verletzt, gefangen genommen, gefoltert und erschossen. Aber ihre Sache war siegreich.

Mein Vater überlebte ohne körperlichen Schaden, wurde zum Unterleutnant befördert und, wie zwei Jahrzehnte zuvor in Russland, mit mehreren Orden ausgezeichnet.

Die Freude unseres Wiedersehens war kurz. Bald begannen wir zu streiten, wir sprachen nicht dieselbe Sprache. Unser gemeinsames Schicksal genügte nicht, um miteinander leben zu können. Ich hatte meinen Vater immer als autoritär empfunden, nun fand ich ihn anmaßend. Er wollte wieder das Kommando übernehmen, mein Agent, Requisiteur und Leibwächter sein. Ein Xylophon würde er mir besorgen, es sogar polieren und stimmen. Ich brauchte nur zu spielen. Doch ich war neunzehn, hatte Auschwitz im Gepäck und meine eigenen Vorstellungen von der Zukunft. Frei wollte ich sein, ungebunden. Xylophonspielen war das Einzige, was ich konnte. Ich würde auf eigene Faust auftreten.

Unser Wiedersehen hatte aber auch etwas Gutes. Boris bekam neue Kräfte, neuen Lebensmut. Er begann wieder zu arbeiten, lebte ein einigermaßen geordnetes Leben. Das Trinken schränkte er ein, aber er rauchte noch immer viel zu viel.

Eines Tages traf er jüdische Kameraden aus der Résistance. Sie waren auf dem Weg nach Palästina, wo mit Unterstützung der Vereinten Nationen, nicht zuletzt der Sowjetunion und der USA, ein neuer Staat entstand: Israel. Da erwachte der Kämpfer in Boris, der Ringer und Soldat. Obwohl er im religiösen Sinne kein Jude und schon gar kein Zionist[32)] war, nahm er 1948 an Israels Befreiungskrieg teil. Er konnte noch einen Orden zu den anderen hängen und erhielt zum ersten Mal seit der russischen Revolution eine Staatsbürgerschaft. Und er erreichte noch etwas: Er überzeugte die richtigen Leute, den ersten festen Zirkus in Israel, in Ramat Gan nahe Tel Aviv, zu bauen. Der Artist Bernardo wurde dessen erster Direktor. Leider verstand er nichts von Teamwork. 1950 kehrte er enttäuscht und mit einer erneuten klinischen Depression nach Frankreich zurück.

Eines Tages kam ein Brief aus der Schweiz, der wie ein Lichtstrahl in seine düsteren Stimmungen fiel. Auf dem Kuvert entdeckten wir eine Adresse von 1939 und mehrere Stempel: „Bitte nachsenden!“. Wie es die französische Post geschafft hat, meinen Vater aufzuspüren, bleibt ein Rätsel. Der Brief kam von Arlettes Mutter Solange Schwartz. Arlette, meine erste platonische Liebe, lebte jetzt verheiratet in Solothurn. Solange war Witwe und wohnte noch immer in Biel. In dem Kuvert lag auch ein Bild von Arlette und mir.

Damit begann ein Briefwechsel zwischen Solange und Boris. Für meinen Vater war es das Beste, was ihm passieren konnte. Solange kam nach Paris. Sie fanden gefallen aneinander und wohnten in seinem bescheidenen Hotelzimmer. Mein Vater lebte auf, suchte Kontakt zu anderen Menschen, trat sogar wieder vor das Publikum.

Doch die Romanze war bald zu Ende.

Es war schwer, mit ihm zu leben. Zwei Welten prallten aufeinander. Da war auf der einen Seite die Frau aus gutbürgerlichem Milieu, die aus einem idyllischen Land stammte, das seit Jahrhunderten keinen Krieg mehr erlebt hatte. Da war auf der anderen Seite der Mann aus dem Zirkusmilieu, dessen Leben von Krieg und Flucht geprägt war und der fast seine gesamte Familie verloren hatte.

Jedenfalls hatten Solange und Arlette einen positiven Einfluss auf unsere Existenz.

Boris starb 1954 an Lungenkrebs.

PARIS – STOCKHOLM

Paris hatte sich nicht verändert. Die Stadt war wie eine schöne Frau – und in vieler Hinsicht eine Dirne. Die Menschen hatten alle Wendungen des Schicksals überlebt. Aus echten Kollaborateuren waren falsche Widerstandskämpfer oder Fünf-vor-zwölf-Patrioten geworden. Den Parisern zu trauen fiel mir schwer. Eigentlich vertraute ich niemandem mehr. Höchstens den Kommunisten, die hatten wirklich Widerstand geleistet und keine Kompromisse geschlossen – außer mit Moskau.

Ein Streik löste den anderen ab. Während man im besiegten Deutschland ernsthaft an den Wiederaufbau ging, herrschten in Frankreich Chaos und Stagnation. Der kalte Krieg hing wie ein Damoklesschwert[33)] über dem Land. Ich fühlte mich unwohl in diesem Klima. Dazu kam, dass die Deutschen 1943 unseren bescheidenen Besitz beschlagnahmt hatten, darunter mein Xylophon, das Saxophon, die Klarinette und die Bühnenkostüme. Damit bestand kaum Hoffnung, mein Brot wieder als Artist zu verdienen. Meine begrenzten Mittel reichten kaum zum Leben. Ein Instrument konnte ich davon nicht finanzieren.

Auch die alltäglichen Ausgaben für Essen und Miete überstiegen bald meinen Etat. Ich versuchte, mir Geld bei Freunden und Bekannten zu leihen. Das war nicht leicht. Ein Freund in der Not ist Gold wert, aber wo waren auf einmal meine Freunde?

„Im Augenblick geht es mir selbst nicht gut."

„Du kommst gerade ungelegen.“

„Ich habe nicht so viel Bargeld, versuch es bei Jean-Claude.“

Manche luden mich zu einer Tasse Kaffee ein, andere steckten mir einen kleinen Geldschein zu, um mich schnell wieder loszuwerden. Es war beschämend.

Ich wohnte im „Elysée des Beaux Arts“, jenem winzigen Hotel, in dem uns 1943 die Gestapo abgeholt hatte. Ich lebte auf Pump. *Le patron* wusste um unser Schicksal und zeigte ein großes Herz. Ein wahrhaft goldenes Herz hatte die italienische Wäscherin Antonia. Sie war mit Mama befreundet gewesen. Ich höre noch heute, wie sie sich, jede mit einem eigenen Akzent, in einem schauderhaften Französisch miteinander unterhielten. Antonia hatte eine Wohnung und die Wäscherei gegenüber vom Hotel. Ich besuchte sie ab und zu, stets hoffend, dass es etwas zu essen geben würde. Sie merkte, dass ich hungrig war – man sah es mir wohl an – und schmierte mir ein paar Brote oder zauberte, was für ein Fest, Spagetti mit Parmesan auf den Tisch. Bei einer dieser mehr als willkommenen Mahlzeiten muss ich laut geklagt haben, noch nicht einmal in die Nähe eines Xylophons gelangt zu sein. Was sollte aus mir werden?

„Was kostet so ein Instrument?“, erkundigte sich Antonia.

Ich nannte den ungefähren Preis, eine stattliche Summe.

„Das Geld kannst du von mir borgen, das bin ich Annies Andenken schuldig.“

Sie verschwand im Schlafzimmer und kam nach einer Weile mit dem Geld zurück. Von einer Quittung oder von Zinsen – kein Wort. Von Antonia bekam ich auch ein Familienbild: Papa, Mama, Victor und ich.

Ich dachte oft an meinen Bruder. Ich sah vor mir, wie wir eifrig Krieg spielten, mit selbst gebastelten Figuren. Oder die unzähligen Treppen zur Sacré Coeur[34] hochliefen. Oder die Rue Lepic hinunterschlenderten, wo Mama Einkäufe machte, und an der Place Blanche stehen blieben, um das *Moulin Rouge* zu bestaunen. Hier hatte Toulouse-Lautrec gezeichnet, hier war ich aufgetreten. In den *Folies Belleville*, einem volkstümlichen Varieté, hatten mein Bruder und ich zusammen auf der Bühne gestanden. Victor spielte Xylophon, ich dirigierte das Orchester.

Und dann kam der Tag, der ewig verwünschte Tag, als wir in die Güterwagen getrieben wurden. Victor, leichenblass, ließ die Hand meiner Mutter nicht los, sprach während der ganzen Fahrt kein Wort.

Wie kann man Kinder morden?

Wie kann man Kinder vergasen?

Weniger als siebzig Milligramm Zyklon B hatten ausgereicht, um Victors junges Leben auszulöschen.

Antonias Darlehen verhalf mir zu einem neuen Start. Ich konnte mich glücklich schätzen. Im Showgeschäft wird man schnell vergessen. Während ich im KZ gewesen war, hatten die Varietés und Cabarets neue Direktionen bekommen. Auch den Agenturen war ich kein Begriff mehr. Aber bald trat ich wieder in eleganten Nachtlokalen und populären Varietés in ganz Frankreich auf. Es dauerte nicht lange, da konnte ich Antonia in guten italienischen Restaurants bewirten.

Das *ABC* war eines der beliebtesten Pariser Varietés. Dort trat ich mit Yves Montand in einem Programm auf. Er gehörte nicht zu jenen, die ihr Fähnchen nach dem Wind drehten. Ich bewunderte ihn als Mensch und Künstler. Er entwickelte sich zu einem engagierten Sänger mit anspruchsvollen Texten und zu einem begabten Schauspieler. Ins *ABC* kam eines Tages der Chef des Stockholmer *Chinavarieté*, der gerade ein französisches Programm zusammenstellte, zu dem bereits Edith Piaf und Les Compagnons de la chanson gehörten. Er fand mich gut und engagierte mich für eine Tournee in Schweden, Norwegen und Finnland.

Am 1. Mai 1947, auf den Tag genau zwei Jahre nach meiner Befreiung, kam ich zum ersten Mal nach Stockholm, die schönste Stadt, die ich bis dahin kennen gelernt hatte. Es beeindruckte mich, dass Schweden über hundert Jahre von Kriegen verschont geblieben war. Das merkte man an vielem, vor allem an den Menschen. Ahnungslos beklagten sie sich, wie schwer sie es gehabt hätten – und meinten die Kaffeerationierung und die Holzgasgeneratoren an den Autos. Ausländer hatten für sie etwas Exotisches und waren ihnen stets willkommen.

„Sind wir Schweden nicht steif, langweilig und wortkarg?", wollten viele wissen. Wenn es so war – ich hatte nicht den Eindruck – dann störte es mich nicht. Dagegen gingen mir überschwängliche Südländer nicht selten auf die Nerven. Die Schweden sprachen oft besser Deutsch als Englisch. Französisch war den Diplomaten vorbehalten. Aber Edith Piaf war außerordentlich beliebt und trat vor vollen Häusern auf.

Ich fühlte mich wohl.

Bis dahin war Schweden für mich ein weißer Fleck auf der Weltkarte gewesen. Als einziges skandinavisches Land kannte ich Dänemark von einem früheren Besuch. Irgendwann hatte ich Selma Lagerlöfs Roman „Gösta Berling“ auf Französisch gelesen und wurde von dieser romantischen Erzählung gefesselt, ohne sie mit Schweden in Verbindung zu bringen.

In Paris hatte ich auch den schwedischen Dokumentarfilm „Dämmerung“ von Arne Sucksdorff gesehen, einem Meister auf seinem Gebiet. Ich liebte diesen herrlichen Naturfilm. Besonders gut gefiel mir die Stelle, wo der Jäger die Büchse senkt, als er entdeckt, dass das Reh ein Kitz hat.

Schweden wurde später meine Heimat, das erste Land, das mir eine Staatsbürgerschaft gab. Was für ein Privileg, in diesem progressiven, menschlichen Land zu leben! Ich fühle noch heute, wie stolz und glücklich ich war, als ich den schwarzen Pass mit den drei goldenen Kronen, dem Staatswappen des Königreichs Schweden, in den Händen hielt.

STOCKHOLM

Stockholm war ein Garten Eden. Sie hieß Nina, studierte Gesang, sprach Französisch und hatte mehrere Jahre in Frankreich gelebt. Sie verstand besser als andere, was ich durchgemacht hatte. Wir kamen uns sehr nahe, hatten vieles gemeinsam. Sie war einundzwanzig, ich ein Jahr jünger. Wir beschlossen, zusammen in Paris zu leben. Als Nina Ende Juli 1947 nach Paris kam, hatte ich eine leichte Kinderlähmung. Sie umsorgte mich Tag und Nacht. Einen liebevolleren Menschen hatte ich noch nie getroffen. Ich brauchte viel Liebe, wagte aber nicht, mein Herz ganz zu öffnen. Das verunsicherte sie. Ich tappte im Dunkeln, meine Seele war schwarz vor Einsamkeit. Das Gift von Auschwitz wütete in mir. Wer konnte verstehen, was mir passiert war, konnte ich es doch selbst kaum begreifen ...

Auschwitz war mein Schatten.

Der Kalte Krieg war in vollem Gange. Die USA unterstützten Ex-Nazis und faschistische Regimes. Was auch in der Welt geschah, meine Nächte waren schlaflos und voller Todesangst.

Auschwitz blieb mein Schatten.

Nina und ich heirateten und zogen 1948 nach Stockholm. Wie in Paris verkehrten wir ausschließlich in Kreisen der Linken.

Nina war sehr an Stockholm gebunden. Mein Xylophon verschaffte mir gute Einkünfte, zwang mich aber auch zu Auslandsreisen. Natürlich wollten wir zusammen sein, aber was sollte ich tun? Ich war ein Zirkuskind, hatte nie eine richtige Schulbank gedrückt, fühlte mich manchmal wie ein fremder Vogel, manchmal wie ein Wilder. Ich konnte mich in sieben Sprachen ausdrücken, hatte jedoch keine Ahnung von den Regeln der Grammatik. Wenn ich korrekt sprach, wusste ich nicht warum. Schwedisch lernte ich schnell.

Gelegentlich trat ich in Dänemark, Norwegen, Belgien, Deutschland und der Sowjetunion mit meinem Xylophon auf. Um bei Nina in Stockholm bleiben zu können, suchte ich nach anderen beruflichen Möglichkeiten. Hotels und Reisebüros konnten meine Sprachkenntnisse nutzen.

Ich nahm auch Unterricht in Illustration und hatte eine Ausstellung, die nicht viel hergab. Immerhin sah ich ein, dass es mir an Talent fehlte, um ein großer Zeichner zu werden.

Schließlich zog es mich wieder in die Nähe der Bretter, die die Welt bedeuten, aber nicht als Artist, sondern als Inspizient. Ich bekam die Stelle am *Chinavarieté*, wo ich mit Edith Piaf aufgetreten war. Jetzt hatte ich darauf zu achten, dass die Bühnenarbeiter nichts vergaßen, dass das Orchester rechtzeitig mit der Ouvertüre begann, dass die Dekorationen gewechselt wurden und alle Requisiten bereitlagen. Per Lautsprecher rief ich die Künstler auf die Bühne:

„Mister Sinatra, in zehn Minuten bitte!"

Unsere Ehe begann zu bröckeln. Nach neun Jahren gingen wir getrennte Wege. Nina, jetzt Opernsängerin, zog mit unserem dreijährigen Sohn Gregor nach Deutschland. Sie heiratete wieder und landete schließlich in Australien und Südafrika.

Ich war verzweifelt, fühlte meine Ohnmacht.

„Der Gedanke hat kein Ziel
Das Gebet keinen Vater
Der Schmerz keinen Raum
Die Sehnsucht keine Mutter"

Die Worte des großen Dichters Pär Lagerkvist drücken meinen seelischen Zustand in jener Zeit aus. Seine Romane und Gedichte lese ich noch heute gern. Damals freute ich mich, als er, ein Gigant der schwedischen Literatur, mit dem Nobelpreis geehrt wurde.

Ein neuer Lebensabschnitt begann. Es ging mir besser, als ich Inger traf, meine heutige Lebensgefährtin. Damals war sie gerade zwanzig Jahre alt und studierte Werbung und Marketing. Ich wurde verantwortlich für einen Teil der Dreharbeiten der „Svensk Filmindustri", bei der unter anderem Ingmar Bergman seine Filme machte. Ich schrieb einen Kurzfilm „Einsamkeit" und führte Regie. Er war ein Flop und ich um eine Erfahrung reicher. Mit einem Teilhaber, Thor Eriksson, startete ich „Theatertjänst", eine Abonnementsvermittlung, die erfolgreich vierzehn Stockholmer Theater zu füllen half. Später wurden wir von einer größeren, landesweit tätigen Firma übernommen, die mich als Vizedirektor anstellte. Das bedeutete größere Verantwortung, Verhandlungen mit Kulturgremien, Pressekontakte und Werbung. Ich belegte alle möglichen Abendkurse, machte Abitur. Später studierte ich Informationstechnik und Journalistik an der Stockholmer Universität. Ich lernte leicht, das Leben hatte mich bereits einiges gelehrt – mehr, als mir bewusst war. Erst war ich Redakteur einer Zeitschrift mit einer Auflage von 200 000 Exemplaren, dann als Chefredakteur beim Informationsdezernat der Stadt Stockholm verantwortlich für vier Zeitschriften.

Inger gab mir wieder Lust zu leben. Sie ist immer für mich da, trotz meiner Zerbrechlichkeit und Überempfindlichkeit. Wir haben drei wunderbare Kinder, Catrin, Christian und (aus meiner ersten Ehe) Gregor. Die Familie ist mein Anker geworden in einem Dasein, wo alles fließt.

ALLE MENSCHEN SIND FREI GEBOREN

Ich kann noch heute den Geruch verbrannter Menschen riechen, das ständige Gedränge spüren, den nagenden Hunger und den Stachel der Ungewissheit. Daran erinnere ich mich deutlicher als an die sieben Männer, mit denen ich meine Schlafecke teilte. Sie waren mir kaum als Einzelwesen, sondern eher als von Vergänglichkeit gezeichnete Schatten erschienen. In Auschwitz lief man wie auf einem Vulkan. Die Oberfläche konnte jederzeit platzen, dann verschwand man in der Lavaglut. Die ganze Zeit roch es nach Schwefel, nach verbranntem Menschenfleisch. Der dichte Rauch war Bestandteil eines Ganzen, das Auschwitz hieß. Tag und Nacht brachten die Züge Männer, Frauen und Kinder. Tag und Nacht wurden Menschen vergast und verbrannt, manchmal so viele auf einmal, dass aus den Schornsteinen der Krematorien Flammen schlugen.

Mit seinen Erinnerungen ist jeder Mensch allein, so wie im Traum. Ich sehe alles wie einen Alptraum, aus dem ich erwache und in den ich wieder eintauche.

Jeder von uns Auschwitz-Überlebenden hat das KZ auf seine Weise erlebt. Ich war da, so war es! Das bedeutet: Ich war da. So habe ich es erlebt, so habe ich es empfunden.

Jeder von uns, der es schafft, von dem Grauenhaften zu berichten, fügt dem Gesamtbild der Vernichtung einen wichtigen Mosaikstein hinzu. Vollständig kann das Bild nicht werden. Die Ermordeten nahmen ihren Teil mit ins Grab. Für sie hatte das Verbrechen nicht einmal einen Namen.

DIE DRACHENSAAT DES BÖSEN

Wenn etwas gut dokumentiert ist, dann sind es die Untaten des Dritten Reiches. All die großen und kleinen Verbrechen wurden mit deutscher Gründlichkeit aufgezeichnet und verbucht.

Warum haben die Nazis das alles dokumentiert, die Übergriffe von SS und Wehrmacht, die ärztlichen Experimente an KZ-Häftlingen, die Massenmorde? Warum haben sie tonnenweise belastendes Material hinterlassen?

Weil sie davon überzeugt waren, den Krieg zu gewinnen. Wer sollte sie da zur Verantwortung ziehen können?

Als die Niederlage dann absehbar war, kam der Befehl, die vom Völkermord zeugenden Spuren zu verwischen. Man verbrannte Akten, sprengte Gaskammern, grub Leichen aus, machte Knochenmehl aus ihnen und ließ es von Bauern einpflügen.

Als Deutschland am 7. Mai 1945 bedingungslos kapitulierte, ging für die Völker Europas ein zwölfjähriger Alptraum zu Ende. Der von Hitler ausgelöste Zweite Weltkrieg kostete über 55 Millionen Menschen das Leben. Die Nazis ermordeten ungefähr 16 Millionen wehrlose Zivilisten. Nicht alle Opfer waren Juden, aber alle Juden waren Opfer. Der Holocaust war die erste geplante, systematische, industrielle Vernichtung eines ganzen Volkes.

WAS FÜHRTE ZUM HOLOCAUST?

Hitler schrieb schon 1919, dass es das Ziel des Antisemitismus sein müsse, die Juden total zu beseitigen. In seinem Buch „Mein Kampf" bedauerte er, dass die „völkerverführenden Juden" während des Ersten Weltkriegs nicht Giftgas zu schmecken bekommen hätten. Am 30. Januar 1939 wurde er in einer Rundfunksendung an das deutsche Volk noch deutlicher: „Wird der Zweite Weltkrieg eine Tatsache, wird das die Ausrottung des Judentums bedeuten." Damit sprach er sein Todesurteil über das jüdische Volk offen aus. Der Weltkrieg wurde eine Tatsache.

1942 beschlossen die Nazis am Wannsee in Berlin die „Endlösung der Judenfrage". Das bedeutete die Ausrottung des Judentums.

Aus einer völlig unwissenschaftlichen Argumentation heraus verfügten die Nazis, dass die Juden eine bösartige Rasse seien. Sie verwendeten Begriffe wie Volljude, Halbjude, Vierteljude und Achteljude. Die Juden seien eine Gefahr für Deutschland und die gesamte Menschheit. Solange es noch einen einzigen Juden gäbe, Frau oder Mann, sei die „jüdische Gefahr" nicht beseitigt.

Die Nazis verteufelten und verunglimpften die Juden. Sie betrachteten die „minderwertige Rasse" als Ungeziefer, das ausgerottet werden müsse. Goebbels sprach in diesem Zusammenhang von „Hygiene". Worüber die Nazis geflissentlich hinwegsahen, war die Tatsache, dass das Judentum, die erste der drei monotheistischen[35)] Religionen, ein Glaubensbekenntnis und keine Rasse ist.

Ethnisch haben die Juden einen vielfältigen völkischen, physiognomischen[36)] und geographischen Hintergrund. Man kann sie unterteilen in Aschkenasim (hebräisch für: die Deutschen), dazu zählen alle europäischen Juden, auch jene, die zum Judentum übertraten. Dann gibt es die Sephardim (hebräisch: Spanier), orientalische Juden, die jahrhundertelang mit Arabern und Spaniern zusammenlebten. Die Chasaren wiederum stammen aus dem Gebiet zwischen Ukraine und Kaspischem Meer. Dort gab es von 740 bis 965 n. Chr. einen jüdischen Staat, der mit Heeren von bis zu 300 000 Mann gegen Byzanz und das Kalifat kämpfte. Auch Turkvölker auf der Krim und im Kaukasus, Krimtschaken oder Bergtürken genannt, traten zum Judentum über. Als Karaiten bezeichnet man eine jüdische Sekte, deren Anhänger vom Talmud, den Kommentaren zur Thora[37)], Abstand nahmen. Karaiten durften als deutsche Hilfstruppen (Hiwis) in der Wehrmacht dienen. Die Begründung lautete, die Karaiten seien keine Semiten und folglich „rassisch" keine Juden. Ihr Judentum, die Religion also, spielte in diesem Fall keine Rolle, man verwandelte sie in „Ehrenarier". Als Falaschas werden die dunkelhäutigen äthiopischen Juden bezeichnet, die ihre Herkunft von König Salomo und der Königin von Saba herleiten. Heute leben neunzig Prozent der Falaschas in Israel. Es gibt auch indische, chinesische und afroamerikanische Juden. Ungefähr 40.000 indische Juden leben in Israel. Die „Rassenbiologen" im Dritten Reich hatten es nicht leicht ...

Doch die ersten Mordaktionen der Nazis trafen nicht die Juden, sondern körperlich und geistig Behinderte. Menschen mit erblichen Schäden, Blinde, Taube und so weiter wurden von den so genannten Rassenbiologen als „geistig Tote" oder „leere Menschenhülsen" bezeichnet. Nach offizieller Lesart würde es zu rassenmäßiger Degeneration und zu kulturellem Verfall führen, ließe man sie leben. Ärzte, die den hippokratischen Eid, nie einem Menschen zu schaden, geschworen hatten, töteten ca. 200 000 Behinderte und sterilisierten weitere 400 000.

„Rassenhygiene" und Sterilisierungen hatte es auch in anderen Ländern gegeben. Das war eine Zeiterscheinung, eine Folge des Sozialdarwinismus. Aber in keinem anderen Land mordete man. Es wird immer ein Rätsel bleiben, wie dies in einem der zivilisiertesten Länder der Erde geschehen konnte.

Das deutsche Volk war durch Radio, Presse, Film und Plakate über die Euthanasie[38)] informiert. In den Schulen stellte man den Schülern zum Beispiel folgende Rechenaufgabe: „Was kostet es den Staat, 167 000 Geisteskranke, 83 000 Taube und 53 000 Krüppel zu pflegen? Wie viele gesunde und wohlgestaltete Deutsche könnten mit diesem Geld ihre Miete bezahlen?"

Die Gleichung war klar: dein Tod, mein Brot. Die Nazis impften der Jugend ihre Verachtung für das Schwache und Andersartige ein. Es war eine tief gehende psychologische Vorbereitung auf kommende Verbrechen. Nach und nach entwickelten die Nazis ihre Terminologie der Vernichtung. Es ging hauptsächlich darum, ihre Verbrechen zu tarnen. Sie sprachen von „Sonderbehandlung", wenn es sich um Erschießungen oder Vergasungen handelte. Sie sprachen von

„Bearbeitung“, wenn Juden und Zigeuner vernichtet wurden. In Lkws mit luftdichtem Kastenaufsatz erstickten sie Juden durch Auspuffgase. Als die Opfer panisch gegen die verriegelte Tür rannten, berichtete der für die Aktion Verantwortliche: „Die Last drängte sich gegen die Tür.“

Was unter „Entjudung“, analog einer Entlausung, zu verstehen war, ist klar. War ein Land „judenfrei“, gab es keinen einzigen lebenden Juden mehr. Estland war das erste unter deutscher Besatzung „judenfreie“ Land, dort hatte man das Endziel erreicht.

Wie reagierte das deutsche Volk auf die Euthanasie und die Judenverfolgung? Die Deutschen waren doch mehrheitlich Christen, Protestanten oder Katholiken. Doch abgesehen von einigen lahmen kirchlichen Protesten waren es nur Einzelne oder kleine Gruppen, die sich dem braunen Ungeist widersetzten.

DAS KLEINE FEIGE LAND

Auch in Schweden gab es vor und vor allem während des Zweiten Weltkriegs ziemlich viele Nazianhänger. In den 1930er Jahren waren sie in vielen Gemeinden politisch vertreten. Schon in den 20er Jahren waren antisemitische Einstellungen verbreitet, sowohl beim Bürgertum als auch in der Arbeiterklasse. Man hegte die üblichen Vorurteile gegen die etwa

6000 Juden, die in Schweden lebten. Das Eigenartige dabei ist, dass die meisten der fast 6 Millionen Schweden in dem großen, dünn besiedelten Land nie einem Juden begegnet waren.

Der schwedische Reichstag beschloss 1922 einstimmig die Gründung eines „Instituts für Rassenbiologie“ an der Universität Uppsala. Es war das erste rassenbiologische Institut der Welt. Dort teilte man die Menschen in für den schwedischen Volksstamm Wertvolle und Wertlose ein. „Menschliche Schlacke“ – so bezeichnete man geistig Behinderte und Gestörte, Langzeitarbeitslose, Asoziale, Sexualverbrecher und Zigeuner – sollte zwangsweise sterilisiert werden. So verfuhr man zwischen 1935 und 1976 mit etwa 60000 Schweden, bei etwa 13000 gaben rassen- und erbhygienische Beurteilungen den Ausschlag. Eine Schwangere konnte also ein Schreiben der Gesundheitsbehörde erhalten, in dem es lakonisch hieß: „Ihre Schwangerschaft wird abgebrochen, Sie werden sterilisiert.“

1996 versuchte eine der zwangssterilisierten Frauen, Maria Nordin, Schadenersatz für das ihr zugefügte Leid zu bekommen. Die Ablehnung erfolgte mit der Begründung, es seien keine formellen Fehler begangen worden. 1999 begann man nach einer Pressekampagne und dem Buch „Veredelte Schweden“ von Bosse Lindquist, die noch lebenden Opfer begrenzt zu entschädigen.

Juden, die vor der Verfolgung durch die Nazis nach Schweden fliehen wollten, fanden dort wenig Verständnis für ihre Situation. Verbände der Medizinstudenten in Uppsala und Lund stimmten fast einhellig gegen das Asylrecht für zehn jüdische Ärzte, alles hervorragende Forscher. Sie kamen nie nach Schweden. Das passierte 1938, nach der so genannten Reichskristallnacht[39], als die Braunen der Welt hemmungslos zeigten, wie man Juden behandeln kann.

1939 bis 1945 half Schweden Deutschland mit Lieferungen von Eisenerz und Kugellagern. Als die deutschen Kugellagerfabriken schon ausgebombt waren, stand Schweden, trotz alliierter Proteste, noch immer zur Verfügung. Gold zweifelhaften Ursprungs, das teilweise von Zähnen der in den KZs Ermordeten stammte, wurde als Bezahlung akzeptiert. Die treue Hilfe bis zum bitteren Ende half, den Krieg und das Leid der Menschen zu verlängern. Winston Churchill nannte Schweden verächtlich „das kleine, feige Land".

Auch Truppentransporte der Wehrmacht rollten auf Schienen durch das „neutrale" Schweden. Für Züge und Verpflegung zahlte Deutschland.

Währenddessen reisten schwedische Schriftsteller, Schauspieler, Regisseure, Geschäftsleute, Geistliche, Offiziere und hohe Polizeibeamte ins Dritte Reich und bewunderten die deutsche Zielstrebigkeit. Keine Zeile in der schwedischen Presse über Judenmorde, obwohl König und Regierung durch die Geheimpolizei Säpo über den Holocaust bestens informiert waren.

Viele schwedische Akademiker huldigten der „moralischen Aufrüstung" Deutschlands. Die Studenten protestierten nie gegen die deutsche Besetzung der Nachbarländer Norwegen und Dänemark.

Es kam sogar vor, dass der schwedische Grenzschutz jüdische Flüchtlinge, norwegische Widerstandskämpfer oder deutsche Soldaten, die nicht mehr für Hitler kämpfen wollten, an der Grenze abwies. Die Säpo pflegte zeitweise eine enge Zusammenarbeit mit der Gestapo.

Das offizielle Schweden hat bisher nicht den Versuch gemacht, mit seiner Vergangenheit reinen Tisch zu machen. Es sei keine ehrenvolle Periode gewesen, aber man habe pragmatisch und richtig gehandelt, meinte damals die schwedische Regierung, in der alle Parteien außer den Nazis und den Kommunisten vertreten waren.

ERZÄHLE ES DEINEN KINDERN

„Sagt euren Kindern davon und lasst es eure Kinder ihren Kindern sagen und diese wiederum ihren Nachkommen." (Joel, 1:3)

Der Nazismus ist nicht verschwunden. Er hat unter der Schneedecke des Kalten Krieges überwintert, um heute, in einer Welt globaler Krisen und unsicherer Zukunft, wieder seine brutale Fratze zu zeigen.

Es gibt viele Varianten: Rechtsextremismus, Rassismus, Antisemitismus, extremen Nationalismus, gefährliche Arten des Fundamentalismus. Die Gaskammern der SS stehen nicht mehr, aber die Gaskammerideologie der Täter hat überlebt. Es ist eine historische Verantwortung aller Menschen, sich des Ausmaßes der nationalsozialistischen Verbrechen bewusst zu sein.

Die wichtigste Aufgabe meines Lebens habe ich nach meiner Pensionierung gefunden. Ich reise durch Schweden, aber auch durch Finnland, Norwegen und Deutschland – und habe Auschwitz im Gepäck. Die meisten jungen Menschen, die ich treffe, sind offen und interessiert, stehen dem Nationalsozialismus kritisch gegenüber. Sie durchschauen das Lächerliche der Rassenbiologie.

Jeder Vortrag wühlt in meinem Innern. Manchmal bin ich den Tränen nahe. Die letzten gereizten Worte an meine Mutter an der Todesrampe in Auschwitz leben in mir weiter wie ein unaufgelöster Akkord. Das leichenblasse Gesicht meines kleinen Bruders ...

Ich fühle das Mitgefühl der jungen Leute, aber auch ihre Unruhe.

Kann es wieder geschehen?

Es kann geschehen, wenn wir uns nicht vor uns selbst in Acht nehmen, wenn Vorurteile unsere Handlungen bestimmen. Es kann geschehen, wenn unser Gewissen, das innere Gesetz, verstummt, wenn wir die Gabe, mit anderen zu leiden, verdorren lassen.

Was soll man jemandem erwidern, der die Vernichtung der Juden leugnet?

Es schmerzt immer, ist so unwirklich. Womit beschäftigen sich denn diese Geschichtsfälscher – und warum? Meinen sie, die Erde sei platt und nicht rund? Hat der Zweite Weltkrieg, dessen integraler Bestandteil der Holocaust war, etwa auch nicht stattgefunden? Diesen Leuten kann man nichts erwidern. Die Wahrheit kann keinen Dialog mit der Lüge führen.

Ich hasse nicht, aber ich fühle Ohnmacht und Schmerz, wenn ich Menschen begegne, die hassen und die Ideologie des Bösen wählen.

Kein Mensch ist böse geboren. Gewisse Umstände, vielleicht eine lieblose, autoritäre Kindheit, können den inneren Kern eines Menschen angreifen.

Ich glaube an den Menschen und hoffe, dass die Schüler und Lehrer, die ich treffe, die Wahrheit weitertragen werden:

Es gibt nur eine Rasse – den Menschen!
Es gibt nur eine Religion – die Liebe!
Es gibt nur eine Welt. Oder überhaupt keine Welt!

ANMERKUNGEN

1) Babel

Auch *Babylon.* Historische Ruinenstadt im heutigen mittleren Irak, am Fluss Euphrat gelegen.

Turm zu Babel

Der Bibel zufolge ein Bauwerk, das die Menschen aus Hochmut bis zur Höhe des Himmels errichten wollten. Doch Gott vereitelte die Vollendung des Turms, indem er die Sprache der Erbauer verwirrte, sodass sie einander nicht mehr verstanden. Dann zerstreute Gott die Menschen über die ganze Erde. Diese Bibelgeschichte aus dem 1. Buch Mose 11,1-9 gilt als Erklärungsversuch für die Entstehung der unterschiedlichen Sprachen.

2) Oktoberrevolution von 1917, am 25. Oktober

Politisch-soziale Umwälzung im zaristischen Russland, eingeleitet durch die gewaltsame Machtergreifung durch die *Bolschewiki* mit dem vermeintlichen Ziel der „Befreiung der Arbeiterklasse".

3) Bolschewiki

Bezeichnung der Mitglieder des revolutionären Flügels in der Sozialdemokratischen Arbeiterpartei Russlands von 1917, die sich nach der Machteroberung in der Oktoberrevolution in Kommunistische Partei Russlands umbenannte.

4) Cockneyakzent
Als ungebildet geltende englische Mundart der alteingesessenen Londoner Bevölkerung, vor allem im East End, dem traditionellen Arbeiterviertel Londons.

5) V1 und V2-Raketen
Während des Zweiten Weltkrieges auf deutscher Seite entwickelte neuartige Raketen mit großer Vernichtungskraft. Der Buchstabe „V" stand für „Vergeltung".

6) Samowar
Traditioneller russischer Wassererhitzer zur Teezubereitung, bestehend aus einem kupfernen Kessel, in dem Wasser erhitzt und gespeichert wird, das durch einen kleinen Hahn entnommen werden kann.

7) Carl Spitzweg, 1808–1885
Deutscher Maler und Illustrator, der vor allem für Zeitschriften malte sowie kleinformatige Gemälde anfertigte, auf denen er mit Witz und Humor die Menschen seiner Zeit darstellte.

8) Versailler Frieden
Die Unterzeichnung des Versailler Vertrages von 1919 bedeutete den völkerrechtlichen Abschluss des Ersten Weltkrieges (1914–1918). Im Versailler Vertrag wurde die Alleinschuld des Deutschen Reiches am Ersten Weltkrieg festgeschrieben.

9) SA

Abkürzung für *Sturmabteilung*, eine uniformierte politische Kampf- und Propagandatruppe der Nationalsozialistischen Deutschen Arbeiterpartei (NSDAP), deren Vorsitzender 1921 Adolf Hitler wurde. Die SA wurde in Straßenkampf und Propaganda zur Terrorisierung politischer Gegner eingesetzt.

10) Hermann Göring, 1893–1946

Deutscher Politiker, Mitglied der NSDAP, Göring war maßgeblich an der Bildung der Regierung Hitlers beteiligt, er war u. a. preußischer Ministerpräsident, Innenminister sowie Reichsminister der Luftfahrt. Unter ihm entstanden die ersten Konzentrationslager und das Geheime Staatspolizeiamt (Gestapo).

11) SS

Abkürzung für *Schutzstaffel*, zum Schutz Hitlers und anderer NSDAP-Funktionäre gegründet, entwickelte sich die SS zum wichtigsten Instrument der Gegnerbekämpfung und der Sicherung des nationalsozialistischen Regimes. SS-Mitglieder trugen ein Totenkopf-Symbol an ihrer Uniformmütze. Eine Sondereinheit der Waffen-SS, die so genannten Totenkopfverbände, betrieben und bewachten die Konzentrationslager.

12) Rotfrontkämpferbund

1924 gegründete Schutzstaffel der Kommunistischen Partei Deutschlands (KPD). Ihre Aufgabe bestand darin, Versammlungen und Veranstaltungen der Arbeiterorganisation zu schützen.

13) Karageorgevic

Serbische Herrscherdynastie, die seit 1903 als Könige in Serbien und seit 1918 bis 1941 in Jugoslawien regierte.

14) Montmarte

Pariser Stadtviertel rund um den höchsten Hügel von Paris, dem Montmarte, wo einst viele Künstler und Schriftsteller lebten und arbeiteten. Die Straßen rund um den Montmartre galten als Vergnügungsmeilen und noch heute gibt es dort eine große Anzahl von Cafés, Kneipen, Nachtlokalen und Restaurants.

15) Völkerbund

1920–1946 bestehende internationale Organisation zur Sicherung des Weltfriedens mit Sitz in Genf. Die politische Ohnmacht des Völkerbundes, der auf humanitärem Gebiet Großes geleistet hatte, offenbarte sich in seiner Einflusslosigkeit bei Ausbruch des Zweiten Weltkrieges.

16) Maginotlinie

Nach dem französischen Kriegsminister André Maginot (1877–1932) benanntes Befestigungssystem an der französischen Nordost-Grenze, das vor allem aus Festungswerken, Panzerhindernissen und betonierten Stellungen bestand.

17) Siegfriedlinie

Auch *Westwall* genannt. Das 1938/39 erbaute Befestigungssystem an der Westgrenze des Deutschen Reiches, das von Aachen bis Basel reichte, war das Gegenstück zur Maginotlinie.

18) Franco Bohamonde, Francisco (1892–1975)

Spanischer General und Politiker, der 1936 den Militärputsch gegen die republikanische Regierung Spaniens auslöste, der sich zum spanischen Bürgerkrieg ausweitete. 1938 bildete er eine diktatorische Regierung, an deren Spitze er bis 1975 stand.

19) Giftgase im Ersten Weltkrieg

Im Ersten Weltkrieg wurden an der Front Giftgase eingesetzt, an denen die Menschen auf qualvollste Weise starben.

20) Gestapo

Abkürzung für Geheime Staatspolizei, politische Polizei im nationalsozialistischen Regime.

21) Boches

Französisches Schimpfwort für Deutsche.

22) Jean-Paul Sartre, 1905–1980

Französischer Philosoph und Schriftsteller. Sartre war politisch sehr aktiv, unter anderem ab 1941 Mitglied im französischen Widerstand, der Résistance, gegen die Nazis.

23) Albert Speer, 1905–1981

Deutscher Architekt und Politiker, Mitglied der NSDAP. Speer errichtete und plante für Hitler imposante Repräsentationsbauten in Berlin, München und Nürnberg.

24) Davidstern

Der Sechsstern aus zwei gekreuzten gleichseitigen Dreiecken ist ein jüdisches Glaubenssymbol. Unter dem Nationalsozialismus wurden Juden gezwungen, den Davidstern mit der Aufschrift „Jude“ sichtbar als Kennzeichen zu tragen.

25) Henri de Toulouse-Lautrec, 1864–1901

Französischer Maler und Graphiker, der seit 1886 auf dem Montmarte in Paris lebte und vor allem in der Welt der Dirnen, im Zirkus, im Kabarett und auf Rennplätzen seine Motive fand. Eines seiner bekanntesten Werke ist das Plakat für das Moulin Rouge aus dem Jahr 1891.

26) Najaden

Figuren aus der griechisch-römischen Mythologie. Najaden sind meist in Gruppen auftretende anmutige weibliche Naturgeister, die in Quellen und Gewässern leben.

27) Franz von Liszt, 1811–1886

Ungarisch-deutscher Pianist und Komponist.

28) Organisation Todt

Nach Fritz Todt (1891–1942) benannt, der ab 1931 in der Obersten SA-Führung mitwirkte und von Hitler zum Generalinspekteur für das deutsche Straßenwesen ernannt worden war. Er wurde 1938 mit dem Bau des Westwalls (Siegfriedlinie) beauftragt. Die dafür aufgestellte Spezialtruppe Organisation Todt nahm im Krieg Aufgaben im militärischen Bauwesen wahr.

29) Heinrich Heine, 1797–1856
Deutscher Dichter und Schriftsteller, Sohn eines jüdischen Tuchhändlers. Von Heine ging als einzigem deutschen Schriftsteller seiner Epoche weltliterarische Wirkung aus.

30) Nelly Sachs, 1891–1970
Deutschsprachige Lyrikerin, die aus einer jüdischen Familie stammte und 1940 nach Schweden floh. Sie wurde 1966 mit dem Nobelpreis für Literatur ausgezeichnet. Der hier zitierte Vers stammt aus „In den Wohnungen des Todes", 1947 im Aufbau-Verlag erschienen.

31) Die Weiße Rose
Gruppe an der Universität München, die mit Flugblättern unter dem Symbol der weißen Rose zum Widerstand gegen das nationalsozialistische Regime aufrief. Die aktivsten Mitglieder, u. a. Hans und Sophie Scholl, wurden nach ihrer Verhaftung 1943 zum Tode verurteilt und hingerichtet.

32) Zionist
Der Zionismus war eine von Theodor Herzl (1860–1904) gegründete Bewegung, die die Errichtung eines jüdischen Staats in Palästina zum Ziel hatte. Ein Zionist ist ein Anhänger dieser Idee und Bewegung.

33) Damoklesschwert
Steht sprichwörtlich für eine stets drohende Gefahr.
Damokles, ein Schmeichler am Hof von Dionysios II von Syrakus (4. Jh. v. Chr.) pries überschwänglich das Glück des Tyrannen. Daraufhin lud dieser Damokles zu einem Gastmahl ein und ließ über dessen Kopf an einem Pferdehaar ein Schwert aufhängen, um Damokles die immer währende Bedrohung des Glücks aufzuzeigen.

34) Sacré-Coeur
Basilika auf dem Hügel Montmartre. Die Bauarbeiten an der Kirche dauerten von 1876 bis 1919 an.

35) monotheistisch
Bezeichnet Religionen, die nur einen einzigen Gott als Schöpfer und Erhalter der Welt ehren. Monotheistische Religionen sind Judentum, Christentum und Islam.

36) Physiognomie
Bezeichnet die äußere Erscheinung, besonders den Gesichtsausdruck eines Menschen, auch eines Tieres.

37) Thora
Bezeichnung für den Pentateuch, d. h die fünf Bücher Mose, die als Gesetz Gottes Kernstück des jüdischen Glaubens sind.

38) Euthanasie

Im Nationalsozialismus bedeutete das die systematische Ermordung psychisch kranker und behinderter Menschen.

39) Reichskristallnacht

Auch *Reichspogromnacht* genannt, bezeichnet die massiven gewalttätigen Ausschreitungen von Angehörigen der NSDAP und der SA gegen Juden in der Nacht vom 9.11. zum 10.11.1938, in deren Verlauf 91 Juden ermordet und fast alle Synagogen im Gebiet des Deutschen Reichs und mehr als 7000 Geschäfte, die in jüdischem Besitz waren, zerstört oder schwer beschädigt wurden.